FUNDAMENTOS BÁSICOS DO PROCESSO DE CONHECIMENTO ATUAL

inter
saberes

Diogo Busse
Stela Marlene Schwerz

inter saberes

Rua Clara Vendramin, 58 . Mossunguê . CEP 81200-170 . Curitiba . PR . Brasil
Fone: (41) 2106-4170 . www.intersaberes.com . editora@intersaberes.com

Conselho editorial Dr. Alexandre Coutinho Pagliarini, Drª Elena Godoy, Dr. Neri dos Santos, Mª Maria Lúcia Prado Sabatella ▪ **Editora-chefe** Lindsay Azambuja ▪ **Gerente editorial** Ariadne Nunes Wenger ▪ **Assistente editorial** Daniela Viroli Pereira Pinto ▪ **Preparação de originais** Fabrícia E. de Souza ▪ **Edição de texto** Monique Francis Fagundes Gonçalves, Palavra do Editor ▪ **Capa** Luana Machado Amaro ▪ **Projeto gráfico** Mayra Yoshizawa ▪ **Diagramação e *designer* responsável** Luana Machado Amaro ▪ **Iconografia** Regina Claudia Cruz Prestes

---

Dados Internacionais de Catalogação na Publicação (CIP)
(Câmara Brasileira do Livro, SP, Brasil)

Busse, Diogo
    Fundamentos básicos do processo de conhecimento atual / Diogo Busse, Stela Marlene Schwerz. -- Curitiba, PR : InterSaberes, 2024. -- (Série estudos jurídicos : direito privado)

    Bibliografia.
    ISBN 978-85-227-0915-1

    1. Processo civil 2. Processo civil - Brasil 3. Processo de conhecimento 4. Prova (Direito) I. Schwerz, Stela Marlene. II. Título. III. Série.

24-200327   CDU-347.9(81)

Índices para catálogo sistemático:

1. Brasil : Direito processual civil 347.9(81)
2. Brasil : Processo civil 347.9(81)

Cibele Maria Dias - Bibliotecária - CRB-8/9427

1ª edição, 2024.

Foi feito o depósito legal.

Informamos que é de inteira responsabilidade dos autores a emissão de conceitos.

Nenhuma parte desta publicação poderá ser reproduzida por qualquer meio ou forma sem a prévia autorização da Editora InterSaberes.

A violação dos direitos autorais é crime estabelecido na Lei n. 9.610/1998 e punido pelo art. 184 do Código Penal.

Sumário

7 ▪ Apresentação

Capítulo 1
11 ▪ **Processo de conhecimento**
13 | Importância dos atos processuais iniciais
15 | Petição inicial

Capítulo 2
31 ▪ **Citação do réu: direito fundamental ao contraditório e à ampla defesa**
35 | Modalidades de citação
37 | Possíveis condutas do réu após a citação
50 | Audiência de conciliação

Capítulo 3
53 ▪ **Fase de saneamento ou ordinatória**
55 | Julgamento conforme o estado do processo
57 | Decisão de saneamento e organização do processo

Capítulo 4
61 ▪ **Fase probatória: a teoria geral da prova**
62 | Finalidade, conceito de prova e o sistema do convencimento motivado
64 | Direito fundamental à prova e ao contraditório
65 | Poderes instrutórios do juiz
66 | Tipos de provas
70 | Ausência de hierarquia entre meios probatórios e forma dos atos
71 | Objeto da prova
76 | Ônus da prova
82 | Momentos da prova
84 | Produção antecipada da prova
86 | Ata notarial
87 | Provas em espécie
111 | Exibição de documento ou coisa
113 | Inspeção judicial
114 | Audiência de instrução e julgamento

Capítulo 5
119 ▪ **Fase decisória: a sentença**
121 | Sentença processual ou terminativa
122 | Sentença definitiva ou de mérito
124 | Elementos da sentença
126 | Coisa julgada

131 ▪ *Considerações finais*
135 ▪ *Referências*
141 ▪ *Sobre os autores*

Apresentação

É com grande satisfação que apresentamos esta obra sobre os fundamentos básicos do processo de conhecimento atual. Além de introduzir o conjunto de normas que disciplinam o exercício da tutela jurisdicional do Estado, queremos provocar um olhar crítico nos leitores e nas leitoras, para que participem ativa e construtivamente do debate e do aprimoramento dos atos processuais que compõem o processo de conhecimento.

Assim, este livro surgiu da inquietação diante dos desafios do direito processual na atualidade. Nesse contexto, o processo civil brasileiro, como pilar fundamental do sistema judiciário, demanda uma compreensão consistente e atualizada, e esta obra busca atender a uma necessidade daqueles e daquelas que querem não apenas entender, mas também aplicar o direito processual civil em sua plenitude.

De forma didática e minuciosa, apresentaremos os fundamentos do processo de conhecimento, desde os atos processuais iniciais até a sentença. Cada capítulo está meticulosamente estruturado para fornecer uma compreensão clara e aprofundada dos temas essenciais.

Desse modo, o Capítulo 1 terá como foco a fase postulatória do processo de conhecimento, especialmente conceitos referentes à petição inicial.

O Capítulo 2 abordará a citação do réu, com o direito fundamental ao contraditório e à ampla defesa. Trataremos das modalidades de citação, das possíveis condutas do réu após a citação, da contestação e da defesa, da revelia, do reconhecimento jurídico do pedido, do impedimento e suspeição do juiz e da audiência de conciliação.

O tema do Capítulo 3 será a fase de saneamento ou ordinatória, com a abordagem do julgamento conforme o estado do processo e a decisão de saneamento, entre outros aspectos relacionados.

O Capítulo 4 é o mais extenso e apresentará a fase probatória e a teoria geral da prova. Veremos temas como a finalidade e o conceito de prova, os tipos de provas e a ausência de hierarquia entre elas, além de outros aspectos pertinentes, como ônus da prova e audiência de instrução e julgamento.

A fase decisória será enfocada no Capítulo 5. Nele, serão abordadas a sentença processual ou terminativa, a sentença definitiva ou de mérito, os elementos da sentença e a coisa julgada.

Gostaríamos de destacar que este livro nasceu da convicção de que o conhecimento profundo e atualizado do direito processual civil é indispensável para uma prática jurídica eficaz. Ao compartilharmos tais fundamentos, esperamos contribuir para o enfrentamento ético, crítico e capacitado dos desafios do sistema jurídico brasileiro contemporâneo. Que esta obra sirva como guia confiável para todos e todas que almejam uma atuação jurídica fundamentada, crítica e eficaz.

Boa leitura!

Capítulo 1

Processo de conhecimento

Denominamos *processo* a atividade desenvolvida pelo Estado-juiz e pelas partes para a solução de um conflito ou a concretização dessa solução. O conceito traduz a noção de que o processo é constituído por uma série ordenada de atos que visam à resolução das controvérsias.

Assim, para entendermos o que é o processo de conhecimento, devemos analisá-lo sob a perspectiva de sua finalidade. Nele, busca-se o reconhecimento da existência de um direito e, para que o juiz possa alcançar esse objetivo, utiliza meios para apurar fatos pretéritos e aplicar a regra prevista no ordenamento com o intuito de dar fim ao litígio.

Logo, processo de conhecimento é a atividade praticada pelo juiz de conhecer (apurar, investigar) os fatos litigiosos para formar sua convicção e, ao final, reconhecer, por sentença, o direito da parte. Quando esse processo se desenvolve por uma série de atos em que que a forma para alcançar a solução do litígio é padrão, é chamado de **procedimento comum**. Se a forma como os atos do processo se desenvolvem tem algo de peculiar, em razão do direito material, é denominado **procedimento especial**.

Trataremos dos atos que integram o processo de conhecimento de procedimento comum, e sua relevância fica evidente pelo enunciado do Código de Processo Civil (CPC), art. 318: por ser padrão, as regras previstas são aplicáveis, subsidiariamente, aos procedimentos especiais e ao processo de execução, na ausência de regra específica (Brasil, 2015).

— 1.1 —
Importância dos atos processuais iniciais

Os atos processuais iniciais desempenham papel fundamental no desenvolvimento do processo. É nas primeiras etapas que as partes apresentam suas pretensões, delineando os contornos da disputa judicial. Esses atos estabelecem as bases sobre as quais o processo é construído, influenciando diretamente o curso subsequente.

Nesse sentido, a petição inicial, a resposta do réu e a réplica não apenas expõem os argumentos das partes, mas também definem a matéria controvertida e os elementos de prova necessários para elucidar as questões fáticas do processo. A partir desses atos, o juiz tem as informações para compreender a controvérsia e, assim, direcionar o processo.

A correta condução dos atos processuais iniciais contribui para a celeridade e a eficiência do procedimento judicial. Qualquer falha nesse estágio pode acarretar consequências no desenvolvimento do processo, ocasionando prejuízos às partes e até mesmo o reconhecimento pelo órgão jurisdicional de nulidades processuais que podem levar à sua extinção. Portanto, a atenção e o zelo nas fases iniciais são vitais para garantir a regularidade do procedimento.

Além disso, os atos iniciais podem ser determinantes na formação de acordos ou composições entre as partes antes mesmo da fase de instrução e julgamento. A possibilidade de uma audiência de conciliação, por exemplo, demonstra como os primeiros atos podem impactar o processo, permitindo a solução das controvérsias de forma mais rápida e menos onerosa para as partes.

Os atos processuais iniciais, portanto, representam os alicerces sobre os quais se constrói toda a estrutura do processo de conhecimento. Eles estabelecem os argumentos das partes, definem os limites da disputa e influenciam a condução do juiz.

Logo, compreender a importância desses atos e conduzi-los de maneira diligente e eficaz é essencial para o bom andamento da ação e do processo.

O procedimento comum é padrão e compõe-se de quatro fases:

1. **Fase postulatória**: inicia-se com a propositura da ação, observados os requisitos da petição inicial constantes do CPC, arts. 319 e 320, até o momento da réplica, atos descritos no CPC, arts. 350 e 351.
2. **Fase de saneamento (ou ordinatória)**: a função saneadora do processo é conferida ao juiz para verificar a regularidade do processo e ocorre durante todo o trâmite processual, mas concentra-se na segunda fase. Seu ápice se dá com o proferimento da decisão saneadora e de organização do processo, expressamente regulado no CPC, art. 357.

3. **Fase instrutória (ou probatória)**: o juiz determina a produção das provas, que se intensifica na audiência de instrução e julgamento, prevista no CPC, art. 358.
4. **Fase decisória**: encerrando-se a fase instrutória, o juiz pode proferir a sentença, alcançando-se a última fase – decisória –, que finaliza o processo em primeiro grau.

Essas fases não são herméticas, mas é possível identificá-las, pois as partes e o órgão jurisdicional concentram-se nas atividades descritas: respectivamente, postulação, saneamento, instrução e decisão.

A etapa inicial do processo civil, que compreende os atos processuais desde a petição inicial até a fase anterior à decisão saneadora, tem como propósito preparar o terreno para a subsequente fase saneadora.

— 1.2 —
Petição inicial

O procedimento inicia-se pela provocação do Poder Judiciário com o protocolo e a distribuição da petição inicial, que representa o direito de ação; é por meio dela que a parte autora provoca o órgão jurisdicional.

A petição inicial é ato formal, deve ser subscrita por advogado, obedecendo aos requisitos do CPC, art. 319, e tem a função de limitar a atividade do juiz. De acordo com a norma processual, o juiz deve julgar o pedido que consta da petição inicial, acolhendo-o ou rejeitando-o (parcialmente, inclusive). No entanto, não pode extrapolar ou conceder algo que não foi postulado, em obediência ao princípio da congruência, da adstrição ou da correlação (CPC, arts. 141 e 492). Dizemos que a petição inicial é o projeto da sentença.

De outro vértice, compete à parte autora elaborar a petição inicial observando os requisitos constantes no CPC, arts. 104, 106, inciso I, 319 e 320.

As formalidades a serem cumpridas para preparar a petição inicial estão elencadas no CPC, art. 319, incisos I a VII, devendo-se obedecer à ordem descrita no quadro a seguir.

Quadro 1.1 – Requisitos da petição inicial

Requisito	Descrição
(I) Juízo a que é dirigida	A petição inicial deve indicar o órgão jurisdicional a que é dirigida (não à pessoa do juiz). Esse requisito indica a competência a ser eleita segundo as regras da norma processual e revela-se por meio do endereçamento à comarca ou ao foro, que é a unidade territorial da Justiça Estadual, ou à seção judiciária, da Justiça Federal.

(continua)

(Quadro 1.1 – continuação)

Requisito	Descrição
(II) Qualificação das partes	Deve apresentar "os nomes, os prenomes, o estado civil, a existência de união estável, a profissão, o número de inscrição no Cadastro de Pessoas Físicas ou no Cadastro Nacional da Pessoa Jurídica, o endereço eletrônico, o domicílio e a residência do autor e do réu" (Brasil, 2015, art. 319, II).
	Importante atentar para o parágrafo 1º do art. 319, que permite ao autor da ação solicitar ao juiz que consulte os bancos de dados a que tem acesso para complementar as informações faltantes para qualificar e localizar o réu: "Caso não disponha das informações previstas no inciso II, poderá o autor, na petição inicial, requerer ao juiz diligências necessárias à sua obtenção" (Brasil, 2015). Muitas vezes, o autor dispõe de dados de identificação, mas eles não permitem a localização do réu para a citação.
(III) Fatos e fundamentos jurídicos do pedido	De descrição obrigatória, constituem a causa de pedir próxima e remota. Os fatos são a causa de pedir remota, e os fundamentos jurídicos, a causa de pedir próxima.
	Nosso sistema processual adotou a teoria da substanciação, segundo a qual se deve necessariamente descrever os fatos e apresentar a fundamentação jurídica na petição inicial. Os fatos devem relatar as questões pretéritas importantes para o juiz compreender a relação jurídica que envolve as partes. A fundamentação jurídica é a relação ou nexo que existe entre autor e réu (por exemplo, em uma ação de investigação de paternidade, a concepção é o elo jurídico entre autor e réu). Quando se descrevem os acontecimentos, em regra se aponta a ligação entre as partes.
	Não podemos confundir fundamentação jurídica (relação jurídica) com fundamentação legal (não precisa ser invocada na petição inicial, pois cabe ao juiz fazer incidir a norma à situação concreta).

(Quadro 1.1 - continuação)

Requisito	Descrição
(IV) Pedido e suas especificações	A petição inicial deve conter o pedido, do contrário será acometida por vício gravíssimo que impede o juiz de julgar. Esse defeito constitui a inépcia da petição inicial. O pedido está regulado em pormenores no CPC, arts. 322 a 329. Conceitua-se *pedido* como a providência jurisdicional que o autor pretende conferir ao litígio. É a solução que o autor quer que seja dada à controvérsia e constitui-se no limite de atuação do julgador. A lei processual apresenta as características do pedido (CPC, arts. 322 a 324). Ao autor compete, na formulação do pedido, deixar clara sua pretensão, sem margem de dúvida quanto à providência que pretende (pedido certo), bem como a qualidade e a quantidade ou valor (pedido determinado) do que requer (por exemplo, requerer a condenação do réu ao pagamento dos danos materiais causados em virtude de acidente de trânsito no valor de R$ 50 mil).
(V) Valor da causa	Não se confunde com a necessidade de atribuir valor ao pedido ou de o pedido ser certo. Encontra-se regulado no CPC, arts. 291 e 292. Depois de elaborar os pedidos, o autor deve indicar o valor da causa segundo os critérios legais. Se os pedidos não contiverem valores porque não têm conteúdo econômico (por exemplo, a declaração da inexistência de uma relação jurídica, como a ação negatória de paternidade), o autor deve atribuir, segundo sua avaliação, um valor à causa. É o que dispõe o CPC no art. 291: "A toda causa será atribuído valor certo, ainda que não tenha conteúdo econômico imediatamente aferível" (Brasil, 2015).

(Quadro 1.1 – continuação)

Requisito	Descrição
	Entretanto, para os pedidos que contêm indicativo de valores, as regras para atribuir valor à causa estão dispostas na lei processual, conforme os tipos de pedido. Se houver cumulação, o autor deve observar o que dispõe o art. 292: "Art. 292. O valor da causa constará da petição inicial ou da reconvenção e será: I – na ação de cobrança de dívida, a soma monetariamente corrigida do principal, dos juros de mora vencidos e de outras penalidades, se houver, até a data de propositura da ação; II – na ação que tiver por objeto a existência, a validade, o cumprimento, a modificação, a resolução, a resilição ou a rescisão de ato jurídico, o valor do ato ou o de sua parte controvertida; III – na ação de alimentos, a soma de 12 (doze) prestações mensais pedidas pelo autor; IV – na ação de divisão, de demarcação e de reivindicação, o valor de avaliação da área ou do bem objeto do pedido; V – na ação indenizatória, inclusive a fundada em dano moral, o valor pretendido; VI – na ação em que há cumulação de pedidos, a quantia correspondente à soma dos valores de todos eles; VII – na ação em que os pedidos são alternativos, o de maior valor; VIII – na ação em que houver pedido subsidiário, o valor do pedido principal" (Brasil, 2015).

(Quadro 1.1 - conclusão)

Requisito	Descrição
(VI) Meios de prova dos fatos alegados	O autor deve indicar na petição inicial os meios de prova que vai produzir para comprovar suas alegações, como o depoimento pessoal do réu, a prova testemunhal, a prova pericial ou a prova documental.
(VII) Opção por realizar ou não audiência de conciliação ou mediação	O CPC, no art. 319, exige que o autor esclareça se pretende realizar a conciliação, para que o juiz designe audiência com esse fim. Caso não tenha interesse, deve deixar claro que não há possibilidade de acordo, não havendo necessidade de justificativa.

Cabe ressaltar que o **pedido** deve ser expresso e explícito, sendo vedado ao juiz fazer interpretação ampliativa. A exceção quanto à possibilidade de o juiz condenar o réu sem que haja pedido, ou seja, com base em um **pedido implícito**, está descrita no CPC, art. 322, parágrafo 1º: "Compreendem-se no principal os juros legais, a correção monetária e as verbas de sucumbência, inclusive os honorários advocatícios" (Brasil, 2015).

Há também exceções legais quanto ao pedido determinado. Admite-se o **pedido genérico** em três hipóteses e é lícito ao autor não indicar na petição inicial o valor ou a qualidade ou quantidade daquilo que se requer, conforme o CPC, art. 324:

1. "nas ações universais, se o autor não puder individuar os bens demandados": a universalidade refere-se a fato ou direito descrito no Código Civil (CC), arts. 90 e 91, tais como o espólio, a massa falida (Brasil, 2002).

2. "quando não for possível determinar, desde logo, as consequências do ato ou do fato": essa possibilidade pode ser verificada nos pleitos indenizatórios decorrentes de ato ou fato ilícito, quando não for possível constatar as consequências danosas na propositura da ação.

3. "quando a determinação do objeto ou do valor da condenação depender de ato que deva ser praticado pelo réu": nesse caso, nas ações de obrigação de fazer que devam ser cumpridas pelo réu no curso da ação.

Nas hipóteses descritas, o pedido é genérico, pois o autor não pode mensurar, no início da ação, valor, qualidade ou quantidade do que pretende (*quantum debeatur*), porém deve indicar gênero e obrigação do que está postulando (*an debeatur*).

O valor do **dano moral** não se constitui em pedido genérico, devendo o autor, na inicial, se essa for a pretensão, indicar o quanto pretende.

Ademais, os pedidos podem se dar de maneira cumulada (vários pedidos em uma só ação). Pela redação do CPC, art. 327, a cumulação pode ser de duas espécies: cumulação própria (simples e sucessiva) ou cumulação imprópria (eventual ou subsidiária e alternativa), descritas no próximo quadro.

Quadro 1.2 – Espécies de cumulação de pedidos

Espécie		Descrição
Cumulação própria	Simples	A parte autora formula vários pedidos (o que é chamado também de *cumulação de ações*, pois cada pedido poderia ser objeto de ação autônoma), pretendendo-se o acolhimento de todos eles.
		São pedidos que se somam. O objeto do litígio é composto, e a sentença analisa cada um deles de forma independente, sendo denominada de *decisão judicial em capítulos*.
		Exemplo: o autor requer que o réu seja condenado a pagar R$ 30 mil de danos materiais mais R$ 20 mil de danos morais por determinado ato ilícito praticado.
	Sucessiva	Os pedidos são dependentes, e o acolhimento de um pedido pressupõe o acolhimento do anterior. Se acolhido o primeiro pedido, o outro será analisado.
		Tal cumulação também é chamada de *cumulação por prejudicialidade*.
		Exemplo: investigação de paternidade cumulada com alimentos; declarada a paternidade, o juiz analisa o direito do autor aos alimentos.

(continua)

(Quadro 1.2 – conclusão)

Espécie		Descrição
Cumulação imprópria	Eventual	São formulados vários pedidos, mas apenas um deles será atendido; é o pedido subsidiário em que o autor propositalmente formula pedidos em grau de importância.
		Exemplo: como pedido principal, solicita-se a nulidade total da cláusula que impõe multa. Caso esse pedido não seja acolhido, pede-se a redução da multa imposta por essa mesma cláusula. O juiz analisará o segundo pedido apenas se o primeiro não for atendido.
	Alternativa	Está prevista no CPC, art. 326, parágrafo único: "É lícito formular mais de um pedido, alternativamente, para que o juiz acolha um deles" (Brasil, 2015).
		Ou seja, o autor formula pedidos sem grau de importância, cabendo ao juiz escolher qual deve acolher; são pedidos que se excluem.
		Exemplo: o autor formula dois pedidos indicando que qualquer um deles poderá ser acatado; não há grau de importância entre esses pedidos.

Por ser uma peça técnica, a petição inicial deve ser escrita, datada e subscrita por profissional devidamente inscrito na Ordem dos Advogados do Brasil (OAB), demonstrando ter capacidade postulatória, advogado público ou privado, defensor, procurador ou membro do Ministério Público (MP). Os profissionais devem atender ao disposto no CPC, arts. 104 e 106, inciso I, que impõem, respectivamente, a juntada de procuração, a indicação de seu número de inscrição na OAB e o endereço profissional para recebimento de intimações.

Nos juizados especiais, por ser um sistema regido por lei distinta, que preza pelo acesso à Justiça de maneira bastante informal (Lei n. 9.099, de 26 de setembro de 1995, art. 14), admite-se postulação oral e, se a causa não ultrapassar o valor de 20 salários mínimos, não há necessidade de postulação por advogado.

A petição inicial deve estar acompanhada pelos documentos essenciais à propositura da demanda, como exige o CPC, art. 320: "A petição inicial será instruída com os documentos indispensáveis à propositura da ação" (Brasil, 2015). Trata-se de um requisito extrínseco. Consideram-se documentos essenciais: a certidão de casamento, para ação de divórcio; a procuração; os atos constitutivos da empresa, se o autor for pessoa jurídica; o contrato, se houver discussão sobre seu cumprimento ou validade.

— 1.2.1 —
Emenda e aditamento da petição inicial

Se a petição inicial não cumprir os requisitos dispostos no CPC, arts. 319 e 320, o juiz deve determinar sua **emenda** no prazo de 15 dias, devendo esclarecer à parte autora qual o vício constatado, com vistas a possibilitar que seja sanado. É o que dispõe o CPC:

> Art. 321. O juiz, ao verificar que a petição inicial não preenche os requisitos dos arts. 319 e 320 ou que apresenta defeitos e irregularidades capazes de dificultar o julgamento de mérito, determinará que o autor, no prazo de 15 (quinze) dias, a emende ou a complete, indicando com precisão o que deve ser corrigido ou completado. (Brasil, 2015)

Caso o autor não emende no prazo legal, o juiz indeferirá a petição inicial, conforme pena estabelecida no parágrafo único do referido dispositivo.

A emenda da inicial só é possível quando os defeitos são sanáveis. Há alguns que não o são, como na constatação da ilegitimidade da parte autora ou na verificação da prescrição ou decadência. Portanto, a emenda ocorre para a correção de vício sanável.

Por fim, há algumas peculiaridades sobre prazos para emenda que merecem destaque. Se o advogado em causa própria não declara o endereço para recebimento de intimações, deve ser observado o prazo de cinco dias (CPC, art. 106, parágrafo 1º).

Existe ainda o **aditamento** da petição inicial, previsto no CPC:

> Art. 329. O autor poderá:
>
> I – até a citação, aditar ou alterar o pedido ou a causa de pedir, independentemente de consentimento do réu;
>
> II – até o saneamento do processo, aditar ou alterar o pedido e a causa de pedir, com consentimento do réu, assegurado o contraditório mediante a possibilidade de manifestação deste no prazo mínimo de 15 (quinze) dias, facultado o requerimento de prova suplementar. (Brasil, 2015)

Há, no entanto, limite temporal para o autor aditar a petição inicial: até a decisão saneadora, com o consentimento do réu. Com esse limite, busca-se a estabilização das questões a serem julgadas pelo órgão jurisdicional.

O objetivo central da estabilização é permitir que o juiz, as partes e seus advogados tenham um panorama claro das questões em disputa, das alegações das partes e das provas que serão apresentadas. Dessa forma, a fase anterior à decisão saneadora tem um papel estratégico ao definir os pontos relevantes do litígio, eliminando questões desnecessárias e identificando pontos em que se deve aprofundar a instrução.

Os atos iniciais das partes permitem ao Poder Judiciário:

- **Delimitar a matéria em disputa**: por meio dos argumentos apresentados pelas partes, é possível identificar os principais pontos de conflito e as questões jurídicas a serem analisadas.
- **Fomentar a conciliação e o acordo**: a etapa inicial traz oportunidades de conciliação, fazendo com que questões possam ser resolvidas de forma amigável antes da fase de instrução.
- **Evitar questões inúteis ou redundantes**: a revisão das alegações e dos argumentos possibilita eliminar questões irrelevantes ou que já foram decididas em outros processos.
- **Determinar a necessidade de provas**: a análise das alegações ajuda a identificar as provas necessárias para comprovar os fatos em disputa, evitando a produção de provas desnecessárias.
- **Estabelecer uma base para a audiência**: os atos iniciais auxiliam na preparação da audiência de instrução e julgamento, permitindo que o juiz defina os pontos de foco e as provas a serem produzidas.
- **Contribuir para um processo mais eficiente**: ao se eliminarem questões não pertinentes e se clarificarem as alegações, o processo se torna mais ágil e direcionado.

Assim, a fase inicial não apenas prepara o processo para a fase seguinte, mas também promove a eficiência processual, a busca pela verdade e a justa resolução das controvérsias, tudo isso alinhado com os princípios fundamentais do direito processual civil.

— 1.2.2 —
Protocolo da petição inicial e distribuição do processo

O processo civil tem início com o protocolo da petição inicial, ato formal em que o autor apresenta sua demanda ao Judiciário. O protocolo ocorre perante o órgão jurisdicional competente, indicado na petição inicial (varas cíveis, varas federais), no qual o documento é recebido e registrado, conferindo-se ao processo um número único de identificação.

Uma vez protocolada a petição inicial, o processo é distribuído por sorteio eletrônico. Esse procedimento consiste em definir o juiz competente para análise e decisão se houver mais de uma vara competente. A distribuição é fundamental para garantir que cada processo seja atribuído a um magistrado de acordo com as normas de competência territorial, objetiva e funcional.

Assim, a distribuição busca assegurar, segundo as regras constitucionais, a definição do juiz natural e imparcial, pois evita que as partes escolham diretamente o juiz que julgará o caso. Além disso, esse procedimento visa a uma divisão equitativa dos processos entre os magistrados de um determinado tribunal, evitando sobrecargas em alguns juízos e garantindo uma distribuição mais uniforme.

A distribuição também está ligada à garantia do **juiz natural**, ou seja, aquele que tem competência legal para julgar determinado tipo de causa. Isso contribui para a imparcialidade e a justiça no tratamento das demandas, pois impede que casos sejam direcionados a magistrados com interesses conflitantes.

Nesse contexto, o protocolo da petição inicial e a distribuição do processo são etapas fundamentais para dar início ao processo civil de forma regular e garantir a adequada tramitação da demanda judicial. A correta aplicação desses procedimentos colabora para manter o respeito aos princípios processuais e para alcançar o eficaz funcionamento da Justiça.

Capítulo 2

Citação do réu: direito fundamental ao contraditório e à ampla defesa

Após o protocolo da petição inicial e a distribuição do processo, a próxima etapa é a citação do réu. A **citação** é o ato pelo qual o réu é formalmente convocado a participar do processo, tomando conhecimento da demanda proposta contra ele e exercendo seu direito de defesa.

A citação é um ato essencial (configura-se como pressuposto de existência do processo) para a garantia do devido processo legal e do contraditório, princípios que asseguram que todas as partes tenham a oportunidade de se manifestar e apresentar seus argumentos perante o tribunal. Sem a citação adequada, **a decisão judicial não poderia ser justa, pois uma das partes** estaria sendo privada da possibilidade de se defender.

O réu, ao ser citado, assume um papel ativo no processo. Ele passa a ter o ônus de apresentar sua resposta à petição inicial. Na **contestação**, o réu pode refutar as alegações do autor, apresentar suas próprias alegações e argumentos, bem como formular pedidos contrapostos, como a reconvenção.

Desse modo, a contestação desempenha um papel central na construção do litígio, visto que é por meio dela que o réu traz ao processo sua versão dos fatos, seus argumentos jurídicos e suas teses de defesa. Além disso, o réu pode suscitar questões processuais ou incidentais que possam influenciar o desenvolvimento da demanda.

A citação e a resposta do réu não apenas garantem a igualdade entre as partes, como também contribuem para a construção de um processo mais completo e justo. O papel do réu, ao exercer sua defesa, enriquece o debate judicial e proporciona ao juiz uma visão abrangente dos argumentos em disputa, o que é essencial para a prolação de uma decisão bem fundamentada.

Portanto, a citação do réu e seu subsequente papel no processo são elementos essenciais para a validade (existência) do processo e a efetividade da atuação judicial. Com a citação, a relação jurídica torna-se completa. O Código de Processo Civil (CPC), no art. 238, define-a como "o ato pelo qual são convocados o réu, o executado ou o interessado para integrar a relação processual" (Brasil, 2015).

A citação gera efeitos no processo, conforme consta no CPC, art. 240:

a. Induz litispendência, que se configura quando há identidade de ações em curso. A litispendência caracteriza-se após efetuada a citação.
b. Torna litigiosa a coisa, pois o ato da citação é o marco que vincula o bem ou o objeto litigioso ao processo; depois disso, a parte não pode modificá-lo.
c. Os juros de mora devem incidir a partir da citação se não houver prazo para seu cumprimento, como é o caso das obrigações decorrentes de ato ilícito.
d. A citação válida interrompe o prazo de prescrição. O ato citatório barra o prazo prescricional, a despeito de ter sido ordenado por juízo incompetente, e retroage à data da propositura da ação, ou seja, à data do protocolo ou distribuição da petição inicial.

Se o réu **comparecer espontaneamente no processo**, de acordo com o CPC, art. 239, parágrafo 1º, a citação será considerada realizada, isto é, o comparecimento supre a ausência da citação ou a citação regular, iniciando o prazo para contestar ou embargar a execução da data do comparecimento.

A citação é sempre **pessoal ao réu** (CPC, art. 242), ou seja, um terceiro não pode recebê-la em seu nome. Há, no entanto, exceções: podem receber a citação o mandatário com poderes especiais e o preposto, gerente ou funcionário responsável pelo recebimento da correspondência se o réu for pessoa jurídica (CPC, art. 242, parágrafo 1º).

Existe outra exceção, descrita no CPC, art. 248, parágrafo 4º, para os réus que residem em locais com portaria:

> Art. 248. [...]
>
> § 4º Nos condomínios edilícios ou nos loteamentos com controle de acesso, será válida a entrega do mandado a funcionário da portaria responsável pelo recebimento de correspondência, que, entretanto, poderá recusar o recebimento, se declarar, por escrito, sob as penas da lei, que o destinatário da correspondência está ausente.

— 2.1 —
Modalidades de citação

Existem duas modalidades de citação: citação real (há certeza de que o réu recebeu a comunicação da existência da demanda) e citação ficta (não há certeza da comunicação ao réu), descritas no quadro a seguir.

Quadro 2.1 – Modalidades de citação

Modalidade	Subtipo	Descrição
Citação real	Citação pelo correio com aviso de recebimento (AR)	Forma preferencial descrita na lei para a citação do réu.
	Citação por oficial de justiça	Apenas ocorre se frustrada a citação pelo correio ou se justificada sua necessidade ao juiz.
	Citação por escrivão ou chefe da secretaria	Há o comparecimento do réu no cartório ou em secretaria.
	Citação por meio eletrônico	Regulada pela Lei n. 11.419, de 19 de dezembro de 2006 (Brasil, 2006), e pelo CPC, art. 246, para empresas que se cadastram perante o tribunal para receber as citações desse modo e para as pessoas jurídicas de direito público.

(continua)

(Quadro 2.1 – conclusão)

Modalidade	Subtipo	Descrição
Citação ficta	Citação por edital	Prevista no CPC, art. 256, é cabível diante da afirmação de que o réu é desconhecido ou incerto ou da constatação de que está em local ignorado ou de difícil acesso.
		Se houver falsa afirmação do autor na inicial, o autor ficará sujeito à pena de multa de cinco salários mínimos.
		Nesse tipo de citação, o edital contendo o resumo da petição inicial é publicado na rede mundial de computadores, no sítio do respectivo tribunal e na plataforma de editais do Conselho Nacional de Justiça (CNJ), e isso deve ser certificado nos autos. O juiz fixará prazo entre 20 e 60 dias para que o réu tome conhecimento e o prazo de 15 dias para contestação após a ciência do réu.
		Devem ser esgotadas as possibilidades de citação real para que seja cabível a citação por edital, sob pena de nulidade.
	Citação por hora certa	Regulada pelo CPC, art. 252, é cabível quando o oficial de justiça tiver procurado por duas vezes o réu em seu domicílio ou residência sem encontrá-lo.
		Se houver suspeita de ocultação do réu, pode-se intimar qualquer pessoa da família ou, em sua falta, qualquer vizinho.

— 2.2 —
Possíveis condutas do réu após a citação

A apresentação da contestação representa um dos momentos cruciais em que o réu exerce seu direito de defesa. A contestação é a peça processual por meio da qual o réu responde às alegações feitas pelo autor na petição inicial – como já mencionamos, é um dos principais instrumentos pelos quais o contraditório e a ampla defesa são efetivados no processo judicial.

A contestação desempenha múltiplas funções. Permite ao réu:

a. **Suscitar questões processuais**: o réu pode levantar questões processuais que possam influenciar o curso do processo, como a falta de requisitos da petição inicial ou a incompetência do juízo.

b. **Refutar as alegações do autor**: o réu pode contestar e negar os fatos e os argumentos apresentados pelo autor, fornecendo sua versão dos acontecimentos.

c. **Apresentar defesa jurídica**: o réu pode trazer argumentos jurídicos que justifiquem sua posição e rejeitem as alegações do autor.

d. **Formular pedido reconvencional**: além de se defender, o réu pode fazer pedidos contrários aos do autor por meio da reconvenção, buscando uma decisão em seu favor.

e. **Requisitar produção de provas**: o réu pode solicitar a produção de provas que considera relevantes para sua defesa.

Em suma, a contestação é a oportunidade do réu de expor sua versão dos fatos, suas teses jurídicas e seus argumentos de defesa. Com essa peça processual, inicia-se a construção do diálogo entre as partes, permitindo ao juiz compreender melhor os contornos da controvérsia e tomar decisões informadas e justas.

No âmbito do processo civil, a resposta do réu é termo amplo que abrange todas as condutas do réu após a citação. A contestação, portanto, é apenas uma das reações possíveis, podendo o réu adotar uma das seguintes condutas:

a. apresentar defesa propriamente dita (denominada *contestação*);
b. omitir-se, arcando com os efeitos da revelia;
c. reconhecer juridicamente o pedido;
d. apresentar exceções de impedimento e suspeição do juiz (em petição apartada).

Veremos cada uma delas na sequência.

— 2.2.1 —
Contestação ou defesa propriamente dita

A defesa é um ônus; se não praticada, o réu sofrerá a consequência desfavorável dos efeitos da revelia. A contestação é a peça apresentada pelo réu que contém sua matéria de defesa, processual ou de mérito.

É regida por princípios que constam no CPC, especificamente no art. 336: "Incumbe ao réu alegar, na contestação, toda a matéria de defesa, expondo as razões de fato e de direito com que impugna o pedido do autor e especificando as provas que pretende produzir" (Brasil, 2015).

Trata-se do **princípio da concentração da defesa**, o que significa que a contestação é a única oportunidade de o réu apresentar suas alegações para se contrapor àquelas alegadas pelo autor na inicial. O dispositivo traz, também, o **princípio da eventualidade**, tendo em vista que o réu deve deduzir todos os fundamentos para o acolhimento de sua defesa, inclusive em caráter sucessivo; não havendo o acolhimento de um argumento, o juiz passa a analisar outro deduzido em sequência. Por exemplo, o réu pode alegar na contestação de uma ação de cobrança que há prescrição ou decadência e, em seguida, o fato de que já pagou o débito exigido.

Além disso, o réu tem o **ônus de impugnar especificamente todos os fatos** narrados pelo autor na petição inicial, negando-os ou atribuindo-lhes sua versão (informando que não ocorreram da maneira como narrado na inicial). Os fatos não impugnados são tidos como incontroversos, e a consequência é a mesma da confissão, qual seja, torna os fatos verdadeiros por presunção diante da ausência de fatos opostos à descrição inicial.

Não cabe a contestação por negativa geral. Entretanto, essa regra não se aplica aos seguintes casos: aos fatos sobre os quais não é possível confessar (direitos indisponíveis e personalíssimos e aqueles tratados nas ações de Estado, referentes à família e/ou a incapaz); em relação ao advogado dativo, ao curador especial e ao defensor público (CPC, art. 314, parágrafo único).

A **defesa do réu** classifica-se em processual ou de mérito. A **defesa processual** deve ser arguida como preliminar, antes do mérito, porquanto visa impedir sua análise ou propiciar a correção de um vício existente na relação jurídica processual. O réu deve demonstrar a existência de uma ou mais matérias constantes do CPC, art. 337, que elenca as preliminares.

Por sua vez, as **preliminares** inserem-se em duas categorias:

1. próprias ou peremptórias, que, se forem acolhidas, levam à extinção da pretensão;
2. impróprias ou dilatórias, que não ocasionam a extinção, apenas o acertamento da relação jurídica processual.

Vejamos o que dispõe o CPC:

> Art. 337. Incumbe ao réu, antes de discutir o mérito, alegar:
>
> I – inexistência ou nulidade da citação;
>
> II – incompetência absoluta e relativa;
>
> III – incorreção do valor da causa;
>
> IV – inépcia da petição inicial;
>
> V – perempção;
>
> VI – litispendência;
>
> VII – coisa julgada;
>
> VIII – conexão;
>
> IX – incapacidade da parte, defeito de representação ou falta de autorização;

X – convenção de arbitragem;

XI – ausência de legitimidade ou de interesse processual;

XII – falta de caução ou de outra prestação que a lei exige como preliminar;

XIII – indevida concessão do benefício de gratuidade de justiça. (Brasil, 2015)

Se a matéria arguida constar no CPC, art. 485, a preliminar será própria ou dilatória, pois esse dispositivo contempla as hipóteses de extinção do processo. Portanto, se o juiz a acolher, o processo será extinto sem resolução do mérito.

Se for levantada a ilegitimidade do réu em defesa, o juiz concederá prazo de 15 dias para que o autor o substitua. De acordo com o CPC:

> Art. 339. Quando alegar sua ilegitimidade, incumbe ao réu indicar o sujeito passivo da relação jurídica discutida sempre que tiver conhecimento, sob pena de arcar com as despesas processuais e de indenizar o autor pelos prejuízos decorrentes da falta de indicação. (Brasil, 2015)

Se o autor concordar com a arguição de ilegitimidade do réu, o autor pagará os honorários do advogado do réu excluído, a ser fixado entre 3% e 5% do valor da causa. Essa é a síntese do que dispõe o CPC, arts. 338 e 339.

Já na **defesa de mérito**, o réu resiste ao pedido do autor e demonstra que ele não tem razão naquilo que postula. Podemos identificar duas espécies de defesa de mérito:

1. **Defesa direta**: o réu nega a ocorrência dos fatos narrados pelo autor na petição inicial ou aduz que ocorreram de forma diferente.
2. **Defesa indireta**: o demandado admite os fatos, mas a eles contrapõe outros, denominados *fatos novos*, com a pretensão de modificar, extinguir ou impedir o direito do autor.

A importância dessa classificação está em saber quem tem o ônus da prova. Como exemplo, podemos citar a alegação do réu em contestação de que pagou uma dívida que está sendo cobrada; nesse caso, cabe a ele comprovar que pagou.

Reconvenção

A reconvenção consiste em um mecanismo processual que permite ao réu não apenas se defender das alegações do autor, mas também formular pedidos. O prazo para sua propositura é o mesmo da contestação, pois deve ser formulada **na mesma peça processual em que o réu aduz sua defesa**, ampliando a complexidade da disputa judicial. A contestação se concentra na resposta às alegações do autor; já a reconvenção abre espaço para que o réu apresente as próprias pretensões.

A reconvenção é um instituto que busca evitar a necessidade de múltiplos processos sobre a mesma relação jurídica, permitindo a resolução de demandas interligadas em um único procedimento. Assim, o réu, ao apresentar a reconvenção, está alegando que também é titular de direitos em relação ao autor, por meio de uma pretensão condenatória, declaratória ou constitutiva.

O autor, por sua vez, deve responder à reconvenção por meio da **resposta à reconvenção**. Esta funciona de maneira semelhante à observada na contestação, possibilitando que o autor se defenda das pretensões apresentadas na reconvenção e exponha seus próprios argumentos jurídicos.

Dessa forma, a possibilidade de reconvenção enriquece o processo, permitindo que as partes tenham suas pretensões e defesas examinadas e decididas em um único procedimento. A reconvenção, portanto, constitui-se em uma ação proposta incidentalmente a outra já em trâmite; está regulada pelo CPC, art. 343. Ela evita a duplicidade de ações judiciais, economizando tempo e recursos do Poder Judiciário e das partes envolvidas.

Por fim, vale destacar que a reconvenção não é obrigatória, mas uma opção do réu. Deve guardar conexão com o objeto da ação principal, ou seja, ter relação direta com a demanda trazida pelo autor. A utilização adequada desse instrumento processual contribui para um desenvolvimento mais eficiente do processo e para uma resolução mais completa das controvérsias.

Prazo para contestação ou defesa propriamente dita

O prazo para o réu contestar é de 15 dias úteis, conforme o CPC, art. 219, devendo-se considerar seu termo inicial da seguinte forma (CPC, art. 335):

a. a partir da audiência de conciliação ou de mediação, quando designada;

b. a partir do protocolo do pedido de cancelamento da audiência de conciliação ou de mediação apresentado pelo réu (ambas as partes devem ter manifestado o desinteresse na audiência, conforme o CPC, art. 334, parágrafo 4º, inciso I);

c. na hipótese de não cabimento da audiência de conciliação ou mediação por serem os direitos indisponíveis, o prazo tem início de acordo com o modo como foi feita a citação, conforme o CPC, art. 231 (*v.g.*: se efetuada por AR ou mandado, por oficial de justiça, de sua juntada aos autos).

— 2.2.2 —
Revelia por omissão do réu

A revelia é situação jurídica de fato consistente na verificação objetiva da ausência de contestação dentro do prazo legal e segundo os requisitos legais. É prevista no CPC, art. 343.

Para que ocorra à revelia, a citação deve ter sido realizada validamente, evidenciando-se a vontade do réu de não contestar os argumentos delineados na petição inicial quanto à descrição dos fatos e ao pedido. Para as modalidades de citação por edital ou hora certa, ao réu que não contesta a ação, após decorrido o prazo para contestação, será nomeado curador especial na forma do CPC, art. 72, inciso II, enquanto não for constituído advogado. Nesses casos, não há o efeito da revelia, pois cabe ao curador apresentar a contestação, mesmo que seja por negativa geral.

A revelia compreende a ausência de contestação tempestiva. Entre seus principais efeitos e consequências estão a presunção de veracidade dos fatos alegados pelo autor e a não intimação do réu quanto aos atos do processo, se não tiver advogado constituído nos autos.

Segundo o conceito estrito, há revelia quando o réu não apresenta a contestação. Seu principal efeito é tornar os fatos alegados pelo autor verdadeiros por presunção. Porém, existem outras situações que podem configurar a revelia, a saber:

- **A ausência de contestação configura a total omissão do réu**, pressupondo-se que deixou de apresentar sua defesa voluntariamente, no prazo e na forma estabelecidos em lei, apesar de ser citado regularmente para apresentar sua defesa.

- **Apresenta-se reconvenção apenas**, caso que pode caracterizar a revelia se os fatos alegados na peça reconvencional não impugnarem os fatos narrados pelo autor na petição inicial. Portanto, a aplicação dos efeitos da revelia depende do conteúdo da reconvenção, pois o julgador pode concluir pela improcedência do pedido do autor.

- **Apresenta-se contestação fora do prazo legal (contestação intempestiva).** Não basta o réu apresentar a contestação – ele deve fazê-lo dentro do prazo legal. Caso o réu compareça ao processo apenas para alegar a ausência ou nulidade de citação, o prazo para contestar começa a fluir desde o momento em que o juiz reconhecer a invalidade do ato citatório.
- **A parte apresenta contestação sem estar representada por advogado ou o advogado não regulariza a representação com a juntada da procuração.** A contestação deve estar subscrita por advogado regularmente inscrito na Ordem dos Advogados do Brasil (OAB); sua ausência torna o ato inexistente juridicamente, caracterizando-se a revelia. Além disso, a contestação deve ser acompanhada do instrumento de mandato, que demonstra a concessão de poderes para representação do réu em juízo. Salvo em casos excepcionais, a procuração pode ser juntada em 15 dias após a apresentação da contestação, como autorizado pelo CPC, art. 104; não o fazendo nesse prazo, considera-se o réu revel.
- **Apresenta-se contestação genérica**, ou seja, aquela em que o réu deixa de impugnar os fatos alegados na inicial, infringindo o princípio da impugnação específica, tornando os fatos incontroversos, ou apresenta a contestação por negativa geral ou genérica. Se o réu não impugna ou não expõe suas razões de fato e/ou direito, há a revelia substancial. A revelia pode ser parcial, caso o réu deixe de impugnar um ou mais fatos narrados na peça inicial.

- **O réu não sana vício referente à sua capacidade, apesar de intimado a fazê-lo.** O réu deve estar devidamente representado, e eventual falha pode ser sanada no prazo concedido pelo juiz. Não cumprida a determinação, o juiz considera o réu revel por ausência de capacidade, conforme o CPC, art. 76 (*v.g.*: representação de empresa com a juntada dos atos constitutivos).

As hipóteses relacionadas caracterizam a revelia, porém os efeitos descritos na lei podem não ocorrer, pois não se pode confundir a revelia com seus efeitos. O CPC, art. 345, exclui expressamente os efeitos da revelia (de torná-los verdadeiros) se:

a. havendo pluralidade de réus, algum deles contestar a ação (no litisconsórcio unitário ou simples se os fatos forem comuns);
b. o direito versar sobre direitos indisponíveis;
c. a petição inicial não estiver acompanhada do instrumento público que a lei considere indispensável à prova do ato;
d. as alegações de fato do autor forem inverossímeis ou apresentarem contradição com prova constante dos autos.

Outro requisito para a revelia é que, no mandado de citação do réu, deve constar o alerta de que a ausência de contestação tem como consequência a presunção de que os fatos alegados são verdadeiros (CPC, art. 250, II).

Os prazos contra o revel fluem a partir da data da publicação do ato decisório no órgão oficial. Se o réu tiver advogado constituído nos autos, será intimado de todos os demais atos. O réu revel pode intervir no processo a qualquer momento, mas não pode praticar os atos acobertados pela preclusão (recebe-o no estado em que se encontra).

Ao réu revel garante-se o contraditório quando há aditamento do pedido pelo autor da ação. A alteração da demanda pelo demandante está autorizada pelo CPC, art. 319, inciso II, com a inclusão de novos fundamentos ou pedidos, e é permitida até a fase saneadora do processo. O réu, mesmo que revel, pode apresentar defesa quanto ao que foi objeto de acréscimo.

— 2.2.3 —
Reconhecimento jurídico do pedido

O réu pode deixar de opor resistência ao pedido de forma ativa: aceita os fatos e as consequências jurídicas. É a admissão expressa do réu do direito do autor. O demandado comparece e concorda com a descrição dos fatos e com o pedido.

Essa possibilidade conferida ao réu é denominada *reconhecimento jurídico do pedido* e leva à extinção do processo por sentença, de acordo com o CPC, art. 487, inciso III, alínea "a", com resolução do mérito. O reconhecimento jurídico do pedido pode ser parcial, se recair sobre um ou alguns dos pedidos do autor. Pressupõe-se a disponibilidade do réu sobre o direito controvertido, não incidindo nas hipóteses de indisponibilidade do direito.

O resultado do reconhecimento jurídico do pedido pelo réu é o julgamento do processo com o acolhimento do pedido; difere da revelia, pois esta apenas torna os fatos verdadeiros por presunção ou revela a confissão, que é meio de prova.

Na hipótese de revelia, não necessariamente o julgador acolhe o pedido e, portanto, pode julgá-lo improcedente se constatar que a ocorrência dos fatos não gera a consequência pretendida pelo autor. Já o reconhecimento jurídico do pedido traz como desfecho o julgamento do mérito com o acolhimento do pedido.

— 2.2.4 —
Impedimento e suspeição do juiz

As exceções de impedimento e suspeição representam o meio processual para as partes (autor e réu) arguírem causas de impedimento e suspeição do juiz. Tais causas estão previstas no CPC, arts. 144 e 145, e colocam em xeque a imparcialidade da pessoa do juiz responsável pela condução do processo.

A exceção de impedimento ou suspeição pode ser oferecida por qualquer das partes em peça apartada, dirigida ao juiz da causa (não ao juízo), contra quem se pede o reconhecimento de parcialidade, com a indicação de provas e testemunhas para comprovar as alegações. O magistrado denunciado não pode indeferi-la, porque não pode ele mesmo julgar sua parcialidade, mas pode reconhecê-la e determinar a remessa ao seu substituto legal.

O CPC, art. 146, prescreve a forma como se deve apresentar a arguição de impedimento ou suspeição do juiz: por meio de petição escrita, indicando-se algum dos motivos relacionados no CPC, arts. 144 e 145, no prazo de 15 dias, a contar do conhecimento do fato. Se o juiz não reconhecer a própria parcialidade, em 15 dias dará suas razões, acompanhadas de documentos e rol de testemunhas, ordenando a remessa ao tribunal competente para analisar se há motivo para afastar o juiz daquele processo. O relator designado pode conferir efeito suspensivo até o julgamento do incidente; se não o fizer, o processo voltará a tramitar normalmente até o julgamento definitivo. Se a exceção não tiver fundamento, o tribunal determinará o arquivamento; do contrário, condenará o juiz nas custas do incidente e determinará a remessa dos autos ao substituto legal. O juiz, portanto, assumirá papel de parte passiva.

— 2.3 —
Audiência de conciliação

No processo civil, a busca pela resolução consensual dos conflitos é valorizada e incentivada como meio de promover a celeridade e a eficiência na administração da justiça. Nesse contexto, a tentativa de conciliação prévia surge como uma etapa importante nos procedimentos judiciais, permitindo que as partes busquem um acordo amigável antes da contestação e da instrução e julgamento.

A conciliação é um método alternativo de resolução de disputas em que as partes, com a mediação de um conciliador ou do próprio juiz, buscam um entendimento que satisfaça seus interesses e ponha fim ao litígio. Pode ser especialmente útil em casos nos quais as partes têm relações continuadas, como contratos comerciais ou questões familiares, e desejam preservar esses relacionamentos.

Muitas vezes, a oportunidade de tentativa de conciliação ocorre no início do processo, antes que as partes tenham investido demasiado tempo e recursos na produção de provas e na instrução. Ela reflete o esforço do Poder Judiciário em promover uma cultura de resolução pacífica de conflitos, reduzindo a litigiosidade e a carga de trabalho dos tribunais.

A tentativa de conciliação prévia não é compulsória, ou seja, as partes não são obrigadas a chegar a um acordo. Contudo, a participação ativa pode trazer benefícios significativos, como evitar custos adicionais, minimizar o desgaste emocional e manter o controle sobre o resultado, em vez de deixar a decisão nas mãos do juiz.

Cabe enfatizar que a oportunidade de conciliação prévia pode ser um ponto de virada nas relações das partes, possibilitando a resolução do conflito de forma mais rápida e com menos hostilidade. Além disso, pode ajudar as partes a compreender mais profundamente os pontos de vista de cada uma, o que pode ser útil mesmo em casos nos quais a conciliação não seja alcançada.

Em resumo, essa possibilidade evidencia a importância da busca por soluções amigáveis e reflete a valorização da conciliação como um meio eficaz de resolução de conflitos, trazendo benefícios tanto para as partes envolvidas como para a eficiência do sistema judiciário.

Capítulo 3

Fase de saneamento ou ordinatória

A segunda fase do processo destina-se à organização do processo e à verificação de sua regularidade. Nessa etapa, depois de deduzidas as alegações pelas partes, compete ao órgão jurisdicional determinar que as partes sanem vícios, caso existam, ou então a Justiça vai se preparar para a instrução, averiguando as provas necessárias, podendo, inclusive, chegar à conclusão de que o processo está apto para julgamento. Trata-se, portanto, de resoluções que cabem ao juiz.

A fase de saneamento ou ordinatória inicia-se com as providências preliminares, e o Código de Processo Civil (CPC) impõe ao magistrado que verifique certas situações e determine providências a serem cumpridas pelas partes:

a. Se ocorreu a revelia, mas não seus efeitos, o juiz concederá prazo ao autor para especificar provas (CPC, art. 348).

b. Se o réu revel tiver comparecido no processo, representado por advogado, o juiz permitirá que especifique e produza provas para se contrapor às alegações do autor (CPC, art. 349).

c. O juiz analisará se, na contestação, o réu arguiu fato novo e, se assim for, abrirá prazo de 15 dias ao autor para réplica de fato extintivo, modificativo ou impeditivo (CPC, art. 350).

d. Se houver, na defesa, arguição de preliminares (alguma das matérias enumeradas no CPC, art. 337), o juiz concederá prazo de 5 dias ao autor para réplica (CPC, art. 351).

e. Se existir vício sanável, o juiz intimará as partes para sanarem as irregularidades em prazo não superior a 30 dias (CPC, art. 352).

É desnecessária qualquer providência preliminar pelo juiz no caso de o réu ter contestado sem formular as alegações previstas anteriormente, elencadas no CPC, arts. 350 e 351, inexistindo, portanto, nulidades ou irregularidades a serem sanadas pelas partes.

— 3.1 —
Julgamento conforme o estado do processo

Na etapa de julgamento conforme o estado do processo, compete ao juiz verificar se é o caso de abreviar o procedimento comum, proferindo desde logo sentença, o que pode ocorrer se não houver necessidade da fase instrutória ou se existirem vícios insanáveis que podem levar à extinção. Tal possibilidade está prevista expressamente no CPC, arts. 354, 355 e 356.

Desse modo, o juiz pode **extinguir o processo** nas seguintes situações:

a. Sem análise do mérito (pedido), proferindo sentença, se verificar defeito processual de que conheceu de ofício ou acolher preliminar peremptória arguida pelo réu na contestação, diante da verificação de quaisquer das hipóteses do CPC, art. 485.

b. Com resolução do mérito, proferindo sentença, se constatar a ocorrência da prescrição ou a decadência da pretensão do autor (CPC, art. 487, II).

c. Com resolução do mérito, se o réu comparecer e reconhecer juridicamente o pedido formulado pelo autor (art. 487, III, "a"), se houver transação entre as partes ou se o autor renunciar ao seu direito (art. 487, III, "b" e "c").

d. Com resolução de mérito, se não houver necessidade de provas a serem produzidas na fase instrutória, além das provas documentais produzidas com a inicial (CPC, art. 356).

O juiz pode verificar se o processo ocorreu à revelia e seus efeitos; diante da presunção da verdade dos fatos alegados pelo autor, não havendo requerimento de provas pelo revel, pode proferir sentença.

Além da extinção do processo, o juiz pode **julgar parcialmente o mérito**, em relação a um dos pedidos, na hipótese do CPC, art. 356, se um ou mais pedidos formulados ou uma parcela deles se mostrarem incontroversos ou, não havendo necessidade de dilação probatória (denominada de *causa madura*), estiverem em condições de imediato julgamento.

Ultrapassada a verificação das providências preliminares e constatando-se que não é o caso de julgamento conforme o estado do processo, o juiz pode proferir a decisão de saneamento e a organização do processo, analisada com mais vagar na seção subsequente.

— 3.2 —
Decisão de saneamento e organização do processo

O juiz deve verificar a regularidade dos atos praticados pelas partes desde o início do processo. Há atividade de saneamento, por exemplo, na determinação para que o autor emende a inicial, quando constatados vícios sanáveis. No entanto, podem ser verificados vícios insanáveis na petição inicial, que levam ao seu indeferimento (hipóteses elencadas no CPC, art. 330).

Na decisão de saneamento, o órgão jurisdicional declara que o processo está regular e, ultrapassadas as providências preliminares para sanar eventuais vícios, inicia-se a fase de instrução e julgamento.

A decisão saneadora ou ordinatória é ato complexo, porque seu conteúdo é amplo e variável. De acordo com o CPC,

> Art. 357. Não ocorrendo nenhuma das hipóteses deste Capítulo, deverá o juiz, em decisão de saneamento e de organização do processo:
>
> I – resolver as questões processuais pendentes, se houver;
>
> II – delimitar as questões de fato sobre as quais recairá a atividade probatória, especificando os meios de prova admitidos;
>
> III – definir a distribuição do ônus da prova, observado o art. 373;

IV – delimitar as questões de direito relevantes para a decisão do mérito;

V – designar, se necessário, audiência de instrução e julgamento. (Brasil, 2015)

A resolução do juiz quanto às questões probatórias não pode ser impugnada por agravo de instrumento, segundo as atuais regras recursais, mas a parte pode pedir ao juiz esclarecimentos sobre a decisão e solicitar ajustes no prazo de cinco dias. O pedido de esclarecimentos ou ajustes constitui figura próxima ao pedido de reconsideração, muito utilizada na praxe forense como mecanismo para que o próprio juiz altere sua decisão independentemente de recurso. É a oportunidade para que a parte convença o juiz sobre a mudança de eventuais questões determinadas na decisão saneadora, como o deferimento de uma prova que o juiz não considerou necessária.

Findo o prazo de cinco dias e sem o pedido de ajustes, a decisão saneadora torna-se estável, o que significa que não pode mais ser objeto de discussão pelas partes, impedindo que o juiz reanalise sua decisão futuramente; logo, todos ficam vinculados à decisão. Os esclarecimentos ou ajustes devem ser efetuados por simples petição (CPC, art. 357, parágrafo 1º).

A regra é que a decisão saneadora seja proferida pelo juiz em gabinete, portanto, sem a presença das partes. A decisão saneadora também pode ser proferida oralmente (CPC, art. 357, parágrafo 3º).

Em casos complexos, o magistrado pode determinar que as partes compareçam em audiência previamente designada para esse fim, para, em cooperação, definirem a melhor solução quanto ao que será objeto da decisão saneadora. Trata-se do **saneamento compartilhado**, que conta com a participação das partes. Nessa hipótese, o pedido de esclarecimentos deve ser feito na própria audiência.

Finalmente, no **saneamento consensual**, as partes podem apresentar ao juiz a definição das questões previstas no CPC, art. 357, incisos II e IV, para sua homologação. Essa possibilidade é reconhecida não apenas pelo art. 357, parágrafo 2º, mas também pelo CPC, art. 190, que reconhece o negócio jurídico processual como o melhor modo de as partes gerirem o conflito, denominado de *autorregramento da vontade das partes*. Se homologado pelo juiz, o saneamento consensual vincula todos, inclusive o órgão julgador.

Capítulo 4

Fase probatória: a teoria geral da prova

A teoria geral da prova trata dos fundamentos legais e constitucionais para a produção probatória em juízo, traduzindo-se pelo conjunto de regras, princípios e conceitos substanciais para a correta utilização dos instrumentos destinados às partes que pretendem demonstrar em juízo suas alegações.

Na petição inicial e na contestação, as partes apresentam suas versões dos fatos; por meio da prova, vão demonstrá-las ao juízo.

Nessa fase processual, o julgador se concentra em apurar a verdade dos fatos. A teoria geral da prova traz elementos definidores, limites e vetores legais para a utilização da prova em juízo.

— 4.1 —
Finalidade, conceito de prova e o sistema do convencimento motivado

O direito se realiza pela apuração dos fatos alegados pelas partes. A aplicação da norma pressupõe a ocorrência de um fato ou fatos que se amoldem à situação prevista em abstrato. O processo de conhecimento objetiva fazer incidir a norma jurídica sobre um fato ou fatos litigiosos (descritos por uma parte e impugnados pela outra). Apurados os fatos, o órgão jurisdicional confere a solução prevista no ordenamento para solucionar a lide. Essa é a **função do órgão jurisdicional**, a qual se alcança com a sentença; ao efetuar subsunção ou enquadramento dos fatos à norma, devem ser aplicadas as consequências jurídicas previstas na lei.

No processo, a **prova** se destina à reconstrução dos fatos pretéritos e pode ser conceituada como os meios ou instrumentos utilizados pelas partes para convencer o juiz da existência desses fatos. Nesse sentido, a prova está conectada ao direito de ação e de defesa, ou seja, é direito das partes comprovar pelos meios legais a verdade dos fatos alegados. Como consta no Código de Processo Civil (CPC),

> Art. 369. As partes têm o direito de empregar todos os meios legais, bem como os moralmente legítimos, ainda que não especificados neste Código, para provar a verdade dos fatos em que se funda o pedido ou a defesa e influir eficazmente na convicção do juiz. (Brasil, 2015)

A prova busca o convencimento do juiz e, produzida pelas partes, integra o acervo probatório independentemente de quem teve a iniciativa de trazê-la aos autos. Desse modo, as provas serão consideradas mesmo que seu resultado seja desfavorável a quem as produziu. Nos termos do CPC, art. 371: "O juiz apreciará a prova constante dos autos, independentemente do sujeito que a tiver promovido, e indicará na decisão as razões da formação de seu convencimento" (Brasil, 2015). Isso representa a adoção do **sistema da persuasão racional ou do convencimento motivado.**

O julgador aprecia com liberdade as provas produzidas no processo, mas deve fundamentar a decisão, o que afasta pronunciamentos arbitrários, pois, na sentença, ao analisar uma prova, o juiz deve justificar por que a considerou ou não como hábil a demonstrar o fato. Portanto, é tarefa judicial dar valor à prova e apontar os elementos probatórios que levaram o juiz a concluir de determinada forma, externando o convencimento racional motivado. Esse sistema coaduna-se com a necessidade de motivação das decisões judiciais, prevista na Constituição Federal (CF), art. 93, inciso IX.

— 4.2 —
Direito fundamental à prova e ao contraditório

O direito de produzir as provas é consectário do direito de ação, do acesso à Justiça, da ampla defesa e do contraditório e, sob esse aspecto, revela-se como garantia fundamental constitucional. As partes têm o direito de alegar e provar os fatos, já que de nada adiantaria a alegação sem a correspondente garantia de poder comprovar os fatos, valendo-se dos meios probatórios reconhecidos pela legislação.

À garantia fundamental de produção das provas associa-se o direito das partes de vê-las apreciadas motivadamente pelo órgão jurisdicional. O indeferimento de prova útil ao processo configura cerceamento de defesa e infringe a garantia fundamental do direito das partes à produção de prova.

— 4.3 —
Poderes instrutórios do juiz

Incumbe ao juiz constatar os fatos para aplicar a solução concreta prevista na ordem jurídica. Para tanto, o CPC, art. 370, dispõe que é responsabilidade do juiz determinar as provas necessárias, de ofício ou a requerimento da parte. O juiz pode ainda indeferir as diligências inúteis ou meramente protelatórias, em decisão fundamentada.

Nesse passo, compete ao juízo avaliar e determinar a produção das provas requeridas pelas partes, se pertinentes e úteis ao julgamento da causa, ou dispensar as provas desnecessárias.

Questão bastante controversa refere-se à possibilidade de o juiz determinar provas de ofício (sem que nenhuma das partes tenha requerido) no intuito de reconstituir os fatos. Essa hipótese está claramente prevista no CPC, art. 370, porém impõe-se a verificação da existência de balizas para o órgão jurisdicional determinar a produção de provas. Dois questionamentos se colocam quanto à possibilidade da determinação de provas de ofício pelo juiz da causa:

1. Poderia o órgão jurisdicional antecipar-se às partes e determinar as provas ou deveria aguardar as partes e atuar apenas de maneira subsidiária?
2. A atuação ativa do juiz feriria o princípio do tratamento igualitário das partes e do juiz imparcial na medida em que ajudaria uma das partes a desvencilhar-se do ônus da prova?

A interpretação razoável do CPC, art. 370, que confere poderes ao juiz da causa para determinar provas de ofício, é aquela que admite a ampla iniciativa probatória ao juiz nas causas em que as relações entre as partes são desproporcionais (*v.g.*: relações de consumo), nas ações previdenciárias e se o objeto do processo for indisponível (*v.g.*: ações de estado). Nas demais causas, o juízo apenas poderia ter a iniciativa para determinar a produção das provas se as partes produziram provas, mas estas se mostraram insuficientes para a decisão, desde que previamente dialogue com as partes. Se o que está em discussão na demanda é apenas direito patrimonial, a parte tem a livre disponibilidade quanto a esse direito, não cabendo ao juízo determinar provas de ofício. Não obstante essas observações, coerentes com o sistema probatório disposto no ordenamento, há entendimento de que o poder probatório do juiz é amplo e sua iniciativa é admitida em qualquer hipótese.

— 4.4 —
Tipos de provas

Nesta seção, analisaremos os tipos de provas conforme os encontramos em nosso caderno processual, previstos e regulados expressamente no sistema. Além disso, veremos os limites impostos às partes em sua produção. Sobre os meios de prova incidem princípios que devem nortear o juiz na aplicação da regras legais.

— 4.4.1 —
Provas típicas e atípicas

Para o estudo dos meios probatórios, examinaremos a classificação dos instrumentos de prova previstos pela legislação. O CPC prevê:

> Art. 369. As partes têm o direito de empregar todos os meios legais, bem como os moralmente legítimos, ainda que não especificados neste Código, para provar a verdade dos fatos em que se funda o pedido ou a defesa e influir eficazmente na convicção do juiz. (Brasil, 2015)

Por esse dispositivo legal, o meio probatório pode ser **típico ou nominado** quando há previsão e disciplina na legislação, como as provas testemunhal e pericial; pode ser **atípico ou inominado** quando não há previsão na legislação, mas se admite sua produção em vista do princípio da ampla liberdade probatória.

— 4.4.2 —
Provas ilícitas

De acordo com o CPC, art. 369, todos os instrumentos de prova podem ser utilizados no processo, desde que não sejam moralmente ilegítimos. De acordo com a CF, art. 5º, inciso LVI, "são inadmissíveis, no processo, as provas obtidas por meios ilícitos" (Brasil, 1988).

Não apenas a obtenção da prova pode ser ilícita, como também a ilicitude pode contaminar as provas daí decorrentes. Como exemplo, podemos citar a prova documental obtida mediante furto ou roubo para ser utilizada no processo. A ilicitude por derivação significa que qualquer outra prova que derive dessa prova documental ilícita é igualmente afetada. É o que se convencionou chamar de **ilicitude da prova por derivação** ou **teoria dos frutos da árvore envenenada**.

São fartos os exemplos na esfera penal, especialmente no que toca às gravações de conversas telefônicas para serem utilizadas na instrução criminal – estas devem ser autorizadas judicialmente de forma prévia, conforme regulação da Lei n. 9.296, de 24 de julho de 1996 (Brasil, 1996). Não há, na área civil, exceção para essa prática; portanto, as interceptações telefônicas (ou grampos) são ilegais e não podem ser admitidas como prova, conforme o que determina a CF:

> Art. 5º [...]
>
> XII – é inviolável o sigilo da correspondência e das comunicações telegráficas, de dados e das comunicações telefônicas, salvo, no último caso, por ordem judicial, nas hipóteses e na forma que a lei estabelecer para fins de investigação criminal ou instrução processual penal; (Brasil, 1988)

Os tribunais superiores brasileiros (Superior Tribunal de Justiça – STJ[1] e Supremo Tribunal Federal – STF[2]) têm considerado válidas as gravações de conversas ou vídeos por um dos interlocutores mesmo sem consentimento ou conhecimento do outro. Essa prova é reputada lícita.

> Prova moralmente ilegítima é aquela que atenta contra a ética e a boa-fé objetiva; por isso, configura-se ilícita.

— 4.4.3 —
Prova estatística e prova por amostragem

A **prova estatística** revela dados objetivos com alto grau de probabilidade de o fato ter ocorrido ou não. Um exemplo é o exame pericial de DNA, que confere a probabilidade de 99% de alguém ser o pai de outra pessoa. Esse grau elevado de possibilidade

---

1 "4. Tanto o STF, quanto este STJ, admitem ser válida como prova a gravação ou filmagem de conversa feita por um dos interlocutores, mesmo sem autorização judicial, não havendo falar, na hipótese, em interceptação telefônica, esta sim sujeita à reserva de jurisdição (v.g.: do STJ – APn 644/BA, Relatora Min. ELIANA CALMON, Corte Especial, DJe 15/02/2012; do STF – RE 583.937 QO-RG/RJ, Relator Min. CEZAR PELUSO, Plenário, DJe 18/12/2009)" (STJ, 2013).

2 "EMENTA: AÇÃO PENAL. Prova. Gravação ambiental. Realização por um dos interlocutores sem conhecimento do outro. Validade. Jurisprudência reafirmada. Repercussão geral reconhecida. Recurso extraordinário provido. Aplicação do art. 543-B, § 3º, do CPC. É lícita a prova consistente em gravação ambiental realizada por um dos interlocutores sem conhecimento do outro" (STF, 2009).

caracteriza a prova estatística e, no processo, o resultado aproxima o julgador da verdade.

Já a **prova por amostragem** corresponde a um recorte da realidade para demonstrar que o fato ocorreu. Se um dado real acontece com frequência, uma fração de tempo pode ser usada como referência no julgamento ou para apurar os danos. Por exemplo, pode-se monitorar, por certo período, a poluição ocasionada por uma empresa para se chegar ao valor da indenização ou recomposição do meio ambiente.

— 4.5 —
Ausência de hierarquia entre meios probatórios e forma dos atos

Não há hierarquia entre os meios probatórios na adoção do sistema do livre convencimento motivado, critério pelo qual o juiz pode apreciar a prova livremente. Não se pode considerar, por exemplo, que a prova pericial é superior à prova documental ou testemunhal. A lei **não atribui valor** às provas (como o faz o sistema da prova tarifária ou da prova legal, não adotado pelo ordenamento jurídico brasileiro), deixando para o órgão jurisdicional a valoração da prova, desde que o faça de maneira fundamentada.

A exigência constante da legislação processual e do direito material quanto à **forma do ato** não indica hierarquia entre as provas, mas configura-se como requisito para que o ato seja reconhecido como válido, eficaz e existente. Um exemplo dessa formalidade é o instrumento público para a validade de transferência de imóveis, por determinação do art. 108 do Código Civil (CC).

O CPC, art. 406, traz a seguinte previsão: "Quando a lei exigir instrumento público como da substância do ato, nenhuma outra prova, por mais especial que seja, pode suprir-lhe a falta" (Brasil, 2015). No caso, o instrumento público refere-se ao suporte fático do ato, formalidade que, se não observada, leva à invalidade do ato (forma *ad solemnitatem*).

— 4.6 —
Objeto da prova

No processo, o objeto da prova são os **fatos**, o que significa que não se comprovam normas. A expressão *jura novit curia* designa a máxima "O tribunal conhece o direito". Logo, não há necessidade de se provar o direito invocado (salvo, excepcionalmente, o direito local). Outro brocardo que indica a desnecessidade de comprovação do direito é *da mihi factum, dabo tibi jus* ("Dê-me o fato, que lhe dou o direito"), e isso nos mostra que, no processo, cabe à parte provar o fato e ao juiz aplicar o direito.

Podemos classificar os fatos em principais e secundários. **Fatos principais** são jurídicos, controvertidos e relevantes para a solução da lide. **Fatos secundários ou simples** provam indiretamente os fatos principais e podem ser considerados indícios da existência do fato principal relevante.

Mas não são quaisquer fatos que se devem provar, apenas os juridicamente relevantes, controvertidos e pertinentes relacionados à causa e que podem influenciar a decisão a ser proferida pelo juiz. **Fatos relevantes** são aqueles afirmados pelas partes, dos quais se extrai a consequência jurídica pretendida.

Somente o **fato pertinente** deve ser provado e ele se caracteriza pela sua importância na formação do convencimento do juiz. **Fato controvertido** é aquele narrado por uma parte e impugnado pela outra, e sobre ele recai a prova. **Fato determinado** é aquele especificado de maneira exata pelas partes para comprovação em juízo.

— 4.6.1 —
Fatos que não dependem de prova

O CPC prenuncia os fatos que não dependem de prova:

> Art. 374. Não dependem de prova os fatos:
>
> I – notórios;
>
> II – afirmados por uma parte e confessados pela parte contrária;
>
> III – admitidos no processo como incontroversos;
>
> IV – em cujo favor milita presunção legal de existência ou de veracidade. (Brasil, 2015)

O juiz dispensará a produção da prova se houver alguma das situações previstas no artigo citado do CPC. Vejamos cada uma delas a seguir.

Fato notório

Processualmente, é aquele que pertence à cultura geral do homem médio. Configura-se como conceito relativo, pois pode ser de conhecimento geral em um lugar, mas não em outro. Por exemplo, é notório o fato de que ocorreu a pandemia de Covid-19, com inúmeras restrições para evitar o contágio. Por outro lado, um fato pode ser notório em uma região, como uma enchente em determinado ano em certa cidade, com muitas pessoas afetadas.

Logo, fatos notórios são **objetivos**, pois são de conhecimento geral de uma coletividade; não foram produzidos no processo, mas o juiz também os conhece.

Fato afirmado

É um fato afirmado por uma parte e confessado pela parte contrária.

A confissão será mais bem analisada em item subsequente, já que é modalidade de prova típica regulada pelo CPC; corresponde à admissão da verdade de um fato contrário ao confitente e favorável ao adversário (CPC, art. 389).

Fato incontroverso ou não controvertido

É aquele não impugnado pela parte contrária; portanto, é fato aceito, expressa ou tacitamente. O fato incontroverso não precisa ser comprovado. É o que ocorre, por exemplo, na revelia, em que a ausência de contestação gera a presunção de veracidade dos fatos por ausência de impugnação dos fatos da causa. Entretanto, a incontrovérsia pode ocorrer se a contestação não impugnar alguns ou todos os fatos narrados.

Fato presumido
É o fato em cujo favor milita presunção legal de existência e de veracidade. Não requer comprovação, pois a lei já presume que tenha ocorrido. Essa presunção, no entanto, é relativa e admite prova em contrário. Por exemplo, o documento público tem veracidade presumida até prova em contrário.

— 4.6.2 —
Excepcionalidade da prova do direito

Em regra, as partes não precisam comprovar a existência do direito, visto que o juiz deve conhecer a norma – exceção feita ao direito municipal, estadual, estrangeiro e consuetudinário. Ou seja, isso não se aplica ao direito federal; os demais, por sua excepcionalidade, devem ser comprovados.

A prova do conteúdo e vigência da lei se faz pela juntada aos autos da cópia do instrumento normativo publicado no diário oficial, sob pena de indeferimento do pedido.

— 4.6.3 —
Presunção do prejuízo nas ações de dano moral (dano *in re ipsa*)

Nas ações de indenização, geralmente cabe ao ofendido a demonstração do prejuízo, mas, em determinadas hipóteses, admitem-se os chamados danos *in re ipsa*, presumindo-se a perda alegada sem necessidade de prova. Tal presunção configura-se como uma vantagem processual ao autor da ação, que fica dispensado da prova do dano, o que pode abreviar o curso do processo pela desnecessidade da fase instrutória.

Um exemplo reconhecido pelos tribunais é a dispensa da prova do dano moral que é presumido, como se vê do precedente (Tema 983) da Terceira Seção do STJ, que fixou a seguinte tese[13]:

---

3 "RECURSO ESPECIAL. RECURSO SUBMETIDO AO RITO DOS REPETITIVOS (ART. 1.036 DO CPC, C/C O ART. 256, I, DO RISTJ). VIOLÊNCIA DOMÉSTICA E FAMILIAR CONTRA A MULHER. DANOS MORAIS. INDENIZAÇÃO MÍNIMA. ART. 397, IV, DO CPP. PEDIDO NECESSÁRIO. PRODUÇÃO DE PROVA ESPECÍFICA DISPENSÁVEL. DANO IN RE IPSA. FIXAÇÃO CONSOANTE PRUDENTE ARBÍTRIO DO JUÍZO. RECURSO ESPECIAL PROVIDO. [...] 6. No âmbito da reparação dos danos morais – visto que, por óbvio, os danos materiais dependem de comprovação do prejuízo, como sói ocorrer em ações de similar natureza –, a Lei Maria da Penha, complementada pela reforma do Código de Processo Penal já mencionada, passou a permitir que o juízo único – o criminal – possa decidir sobre um montante que, relacionado à dor, ao sofrimento, à humilhação da vítima, de difícil mensuração, deriva da própria prática criminosa experimentada. 7. Não se mostra razoável, a esse fim, a exigência de instrução probatória acerca do dano psíquico, do grau de humilhação, da diminuição da autoestima etc., se a própria conduta criminosa empregada pelo agressor já está imbuída de desonra, descrédito e menosprezo à dignidade e ao valor da mulher como pessoa. 8. Também justifica a não exigência de produção de prova dos danos morais sofridos com a violência doméstica a necessidade de melhor concretizar, com o suporte processual já existente, o atendimento integral à mulher em situação de violência doméstica, de sorte a reduzir sua revitimização e as possibilidades de violência institucional, consubstanciadas em sucessivas oitivas e pleitos perante juízos diversos" (STJ, 2018).

> TESE: Nos casos de violência contra a mulher praticados no âmbito doméstico e familiar, é possível a fixação de valor mínimo indenizatório a título de dano moral, desde que haja pedido expresso da acusação ou da parte ofendida, ainda que não especificada a quantia, e independentemente de instrução probatória. (STJ, 2018)

Há tendência de ampliação dos casos que em se entende dispensável a prova do dano. A propósito, no STJ, temos o Tema 1.096: "Definir se a conduta de frustrar a licitude de processo licitatório ou dispensá-lo indevidamente configura ato de improbidade que causa danos presumidos ao erário (*in re ipsa*)" (STJ, 2021) e o Tema 1.156: "Definir se a demora na prestação de serviços bancários superior ao tempo previsto em legislação específica gera dano moral individual *in re ipsa* apto a ensejar indenização ao consumidor" (STJ, 2022).

— 4.7 —
Ônus da prova

O CPC, art. 373, incisos I e II, contém regra quanto ao ônus da prova para as partes e define quem deve comprovar e o que deve ser comprovado. A atividade probatória depende da conduta do autor e do réu, que são partes no processo. As partes podem colher resultado positivo nessa atuação se houver a desincumbência do ônus, na forma do art. 373, pois cabe ao autor comprovar o fato constitutivo de seu direito e ao réu, a existência de fato impeditivo, modificativo ou extintivo do direito do autor.

Fato constitutivo é aquele alegado pelo autor da ação na petição inicial e gera a consequência jurídica pretendida. Por exemplo, em uma ação de indenização por acidente de trânsito em que se alega que o réu atravessou o sinal fechado e, por isso, é o responsável pelo pagamento dos danos, compete ao autor demonstrar que o réu cometeu a infração.

Fato impeditivo, modificativo ou extintivo do direito do autor – que incumbe ao réu demonstrar – revela-se pelas alegações de defesa do réu (defesa indireta) e corresponde ao fato que leva ao não reconhecimento do direito alegado pelo autor. Como exemplo, podemos citar a alegação de pagamento pelo réu na ação de cobrança.

Na defesa indireta, o réu concorda com os fatos narrados pelo autor, mas a ele opõe fatos que obstam o direito do autor.

Esta é a regra legal e genérica quanto ao ônus da prova, entretanto há exceções. Vejamos quais são elas na sequência.

— 4.7.1 —
Fato negativo

Há um adágio que proclama que os fatos negativos não se provam (*negativa non sunt probanda*). No entanto, há casos em que a negativa de um fato se liga a uma afirmação, e esta pode ser provada. Um exemplo é a alegação pelo réu de que não estava na cidade no dia da ocorrência dos fatos, mas em outro local (este pode ser provado).

De outro lado, havendo conflito entre um fato negativo e outro positivo, o fato positivo deve ser provado, tal como ocorre na defesa direta, em que o autor alega um fato e o réu nega sua ocorrência em contestação. Cabe, nesse caso, ao autor a prova dos fatos afirmados para ter o acolhimento de sua pretensão.

— 4.7.2 —
Presunção e inversão do ônus da prova

Presume-se a ocorrência de um fato se é elevada a probabilidade de que tenha ocorrido. Existem presunções estabelecidas em lei.

Se a presunção é **absoluta**, não se admitem questionamentos, como se infere do CPC, art. 844.

A presunção **relativa** ou *juris tantum* admite prova em contrário, invertendo-se o ônus da prova. É o que decorre do CC, art. 232, que prevê: "A recusa à perícia médica ordenada pelo juiz poderá suprir a prova que se pretendia obter com o exame" (Brasil, 2002). Esse raciocínio se aplica aos casos em que se discute a paternidade, por força do disposto na Lei n. 8.560, de 29 de dezembro de 1992: "Art. 2º-A [...] § 1º A recusa do réu em se submeter ao exame de código genético – DNA gerará a presunção da paternidade, a ser apreciada em conjunto com o contexto probatório" (Brasil, 1992).

Via de regra, compete ao autor da ação que busca o reconhecimento de paternidade a realização de provas para comprovar que o réu é o pai. Contudo, a recusa do requerido em realizar o exame de DNA gera a presunção de paternidade. Nesse mesmo sentido, a Súmula 301 do STJ define: "Em ação investigatória, a recusa do suposto pai a submeter-se ao exame de DNA induz presunção *juris tantum* de paternidade" (STJ, 2004).

— 4.7.3 —
Distribuição dinâmica do ônus da prova

A regra geral para as partes quanto à atividade probatória está descrita no CPC, art. 373, *caput* e incisos I e II, e aplica-se às demandas em que há condições de igualdade entre os demandantes. Todavia, o juiz está autorizado pelo CPC a dispor o ônus da prova de modo diverso:

> Art. 373. O ônus da prova incumbe:
>
> [...]
>
> § 1º Nos casos previstos em lei ou diante de peculiaridades da causa relacionadas à impossibilidade ou à excessiva dificuldade de cumprir o encargo nos termos do caput ou à maior

facilidade de obtenção da prova do fato contrário, poderá o juiz atribuir o ônus da prova de modo diverso, desde que o faça por decisão fundamentada, caso em que deverá dar à parte a oportunidade de se desincumbir do ônus que lhe foi atribuído. (Brasil, 2015)

A decisão do juiz deve apresentar as razões pelas quais a atribuição ocorreu de maneira distinta, indicando os requisitos constantes do dispositivo que o autorizam a alterar a regra geral. Essa possibilidade é denominada *distribuição dinâmica do ônus da prova*, pois o juiz verifica em cada caso concreto qual das partes tem maior acesso ou facilidade para produzir a prova.

Para assegurar o direito da parte de produzir as provas pertinentes, o juiz deve dar oportunidade à parte de se desincumbir do ônus que lhe foi atribuído, indicando previamente, na decisão saneadora, a quem cabe a prova, conforme o CPC, art. 373, parágrafo 2º, de modo a evitar que seja impossível ou muito difícil essa desincumbência.

Existem outras hipóteses em que o juiz pode modificar a regra geral, como previsto no Código de Proteção e Defesa do Consumidor (CDC) – Lei n. 8.078, de 11 de setembro de 1990, em seu art. 6º, inciso VIII (Brasil, 1990). Por se tratar de **relação de consumo**, a inversão do ônus da prova, com requisitos distintos, ocorre pela hipossuficiência do consumidor (técnica, econômica e social) e se forem verossímeis as alegações de fato trazidas por ele. Da mesma forma, a inversão do ônus da prova deve ser motivada para não acarretar surpresa ao fornecedor.

Há previsão no CPC, art. 373, parágrafo 3º, de que o ônus da prova pode ser **estabelecido pelas partes** contratualmente ou por meio de negócio jurídico no processo ou mesmo antes de sua propositura. Essa convenção somente é admitida nos casos em que houver equilíbrio entre as partes e não for vedada em lei, como nas relações de consumo ou nos contratos de adesão. A decisão sobre a inversão do ônus probatório deve ocorrer em momento processual que permita à parte desvencilhar-se dele.

A função do ônus da prova vai além de indicar quem deve provar e o que deve ser provado, bem como as hipóteses de alteração. Se as partes produzem a prova, cabe ao juiz aplicar a regra jurídica concreta e acolher ou rejeitar o pedido do autor. No entanto, o **ônus da prova** ganha relevo quando a as partes não produzem as provas que deveriam para dele se desvencilharem, assumindo a função de regra de julgamento. Diante do princípio do *non liquet* e do princípio da celeridade processual, o julgador não pode aguardar indefinidamente até que forme sua convicção para proferir a sentença.

O princípio do *non liquet* deriva de expressão do direito romano, a qual significa que o juiz não pode escusar-se de julgar por falta de elementos ou lacuna da lei.

Caso as partes não produzam provas suficientes para o convencimento do juiz, a regra do ônus da prova torna-se **regra de julgamento** e tem a função de nortear o magistrado quanto ao desfecho do processo. Se cabia ao autor o ônus da prova e dele não se desvencilhou porque não conseguiu provar o fato constitutivo de seu direito, nos moldes do CPC, art. 373, inciso I, o juiz julgará improcedente a demanda. Se cabia ao réu comprovar os fatos extintivos, modificativos ou impeditivos do direito do autor, conforme o CPC, art. 373, inciso II, e não o fez, a ação será julgada procedente. Em casos de distribuição dinâmica ou inversão do ônus da prova, aquele a quem incumbia provar e não o fez sofrerá as consequências da omissão.

— 4.8 —
Momentos da prova

A prova deve ser realizada no processo em diferentes fases, em vista da complexidade do fenômeno. Podemos verificar quatro diferentes etapas:

1. **Proposição ou requerimento da prova**: o autor deve requerer a produção de provas na petição inicial, e o réu deve fazê-lo na contestação. Ambos devem indicar de forma clara quais meios utilizarão para poderem comprovar suas alegações, conforme expressamente previsto no CPC, art. 319, inciso VI, e art. 336. É tecnicamente errôneo fazer o protesto genérico de provas (é comum vermos na prática forense o seguinte

pedido: "protesto por todos os meios de prova em direito admitidos"). A razão para ambas as partes terem de indicar precisamente os meios probatório (produção de prova documental, testemunhal e pericial) decorre da necessidade do contraditório e da ampla defesa, pois nenhuma das partes pode ser surpreendida no curso processual com provas não propostas.

2. **Admissão ou deferimento da prova**: a regra é que as provas são deferidas na decisão saneadora, prevista no CPC, art. 357, inciso II, excetuando-se a prova documental, que deve ser juntada com a inicial e a contestação e pode ser admitida em outra fase, conforme permissivo do CPC, art. 435. Cabe ao juiz verificar a pertinência e a utilidade das provas requeridas, deferindo-as ou não, fundamentadamente.

3. **Produção da prova**: a prova documental deve ser apresentada em juízo na fase inicial do processo – o autor produz na inicial e o réu, na contestação. Excepcionalmente, a prova nova ou a contraprova podem ser produzidas em outras fases do processo. As demais provas devem ser produzidas na fase instrutória do processo e, após a decisão saneadora, o juiz dá início à produção das provas. A prova pericial deve ser realizada antes da audiência de instrução; as provas orais, na audiência de instrução. A inspeção judicial pode ser realizada em qualquer fase processual.

4. **Avaliação**: o juiz aprecia e valora a prova na sentença.

— 4.9 —
Produção antecipada da prova

O CPC, art. 381, prevê que as partes podem produzir a prova de maneira autônoma, em procedimento distinto, com o objetivo de preservá-la, a fim de tentar uma composição com a outra parte, evitar ou justificar ação futura. Nesses casos, a prova produzida antecipadamente deve ser utilizada em processo a ser ainda proposto. Ou seja, produz-se a prova em procedimento instaurado apenas para esse fim e, depois, ela é utilizada em eventual e futuro processo. Cabe à parte avaliar a necessidade e a pertinência de produzir a prova antecipadamente, conforme as hipóteses legais.

A produção antecipada da prova tem natureza de ação e obedece a procedimento próprio previsto no CPC, art. 381 a 383; tem por objetivo a proteção do direito à prova sem que exista uma ação em andamento.

São três as hipóteses em que o CPC prevê a produção antecipada da prova, como dispõe o art. 381:

> Art. 381. A produção antecipada da prova será admitida nos casos em que:
>
> I – haja fundado receio de que venha a tornar-se impossível ou muito difícil a verificação de certos fatos na pendência da ação;

II – a prova a ser produzida seja suscetível de viabilizar a autocomposição ou outro meio adequado de solução de conflito;

III – o prévio conhecimento dos fatos possa justificar ou evitar o ajuizamento de ação. (Brasil, 2015)

Na petição inicial em que se requer a produção antecipada da prova, a parte interessada deve observar os requisitos estabelecidos no art. 381, indicando em qual hipótese fundamenta seu requerimento. Na primeira hipótese, verifica-se a urgência em se proteger a prova, com o intuito claro de conservá-la para utilização em processo futuro; as hipóteses seguintes servem para que a parte busque autocomposição ou evite a judicialização. Além do caráter conservativo em casos urgentes, o procedimento probatório serve ao convencimento das partes, e não do juiz, incluindo-se o procedimento nas ações denominadas *probatórias*.

Nesse procedimento, o juiz que colhe a prova não faz juízo de valor e atua apenas com o intuito de colher a prova (CPC, art. 382, parágrafo 2º). A intervenção judicial se restringe unicamente à obtenção da prova, sem que haja sentença. O procedimento sequer admite defesa ou recurso, mas a parte contrária deve ser citada para acompanhar a produção da prova, garantindo-se o contraditório. Produzida a prova, quaisquer das partes podem ter acesso aos autos para utilização em processos que vierem a ser propostos, conforme o CPC, art. 383.

A competência para a produção antecipada da prova é do juízo do foro onde deva ser produzida ou no foro de domicílio do réu. Não há prevenção da competência do juízo para a ação que venha a ser proposta, de acordo com o que dispõe o CPC, art. 381, parágrafos 2º e 3º.

— 4.10 —
Ata notarial

O CPC, art. 384, incorporou a ata notarial como modalidade de prova típica, já prevista nos arts. 6º, inciso III, e 7º, inciso III, da Lei n. 8.935, de 18 de novembro de 1994 – Lei dos Cartórios (Brasil, 1994). Essa lei confere aos notários e tabeliões a competência para dar autenticidade a determinados fatos.

Por meio da ata notarial, segundo o CPC, art. 384, "A existência e o modo de existir de algum fato podem ser atestados ou documentados, a requerimento do interessado, mediante ata lavrada por tabelião" (Brasil, 2015). O parágrafo único do referido dispositivo esclarece: "Dados representados por imagem ou som gravados em arquivos eletrônicos poderão constar da ata notarial" (Brasil, 2015).

A ata notarial é bastante utilizada para conferir fé pública a fatos jurídicos produzidos eletronicamente, como no caso de publicações ofensivas em redes sociais ou de registro de um estado de coisas, como a situação de um imóvel locado (tanto pelo locador como pelo locatário), conforme a Lei n. 8.245, de

18 de outubro de 1991, art. 22, inciso III (Brasil, 1991). A tarefa do tabelião é apenas a de constatação dos fatos para que o registro possa servir como prova.

— 4.11 —
Provas em espécie

Consideram-se provas em espécie aquelas cuja produção em juízo está expressamente prevista no CPC. Desse modo, compete às partes e ao juízo observar os procedimentos regulatórios para sua realização.

— 4.11.1 —
Depoimento pessoal

A primeira prova em espécie regulada pelo CPC é o depoimento pessoal, com duas modalidades encartadas no art. 385. Na primeira parte, o preceito dispõe sobre o depoimento pessoal na manifestação da parte em juízo, a requerimento do adversário, com o intuito de obter a confissão; na segunda parte, está previsto o interrogatório livre, determinado *ex officio* pelo juiz, em qualquer momento processual, a fim de obter esclarecimentos sobre os fatos da causa. Vejamos a redação do CPC: "Art. 385. Cabe à parte requerer o depoimento pessoal da outra parte, a fim de que esta seja interrogada na audiência de instrução e julgamento, sem prejuízo do poder do juiz de ordená-lo de ofício" (Brasil, 2015).

Diante da dicção legal, há diferenças entre as figuras quanto a objetivo, iniciativa, momento da produção e consequências.

O **depoimento pessoal** é modalidade de prova com fim específico: obter a confissão da parte adversa. Pela redação do dispositivo, somente pode ser requerido pela parte contrária, acrescentando-se que não pode ser de iniciativa da própria parte, pois suas alegações já estão deduzidas na petição inicial e na contestação. O depoimento pessoal deve ser produzido na fase instrutória, especificamente na audiência de instrução. Desde que devidamente intimada, na forma do art. 385, parágrafo 1º, a parte deve comparecer para prestar depoimento, sob pena de confesso.

Já o **interrogatório livre**, previsto na parte final do CPC, art. 385, *caput*, é complementado pelo CPC, art. 139, inciso VIII, que trata dos poderes do juiz na condução do processo. O juiz pode "determinar, a qualquer tempo, o comparecimento pessoal das partes, para inquiri-las sobre os fatos da causa, hipótese em que não incidirá a pena de confesso" (Brasil, 2015). O interrogatório livre destina-se a esclarecer questões fáticas por iniciativa do juiz e, como mencionado, pode ser determinado a qualquer tempo no processo; por não haver fase específica para que o juiz esclareça dúvidas, ele pode determinar que as partes compareçam mais de uma vez. Não há confissão se a parte deixar de comparecer para o interrogatório livre, visto que seu objetivo não é esse.

A parte pode prestar somente depoimento pessoal. Isso faz a distinção do conceito de testemunha, um terceiro estranho à lide. Também ficam sujeitos ao depoimento pessoal o assistente litisconsorcial, o denunciado à lide e o chamado ao processo.

A parte deve ser intimada a comparecer pessoalmente em juízo para ser interrogada. Deve constar no mandado de intimação a expressa advertência de que se considera o não comparecimento ou a recusa em depor como confissão ficta, ou seja, são presumidos como verdadeiros os fatos que, por meio do depoimento, a outra parte pretendia comprovar (CPC, art. 385, parágrafo 1º).

A manifestação da parte em juízo em suas duas espécies, depoimento pessoal e interrogatório livre, tem as seguintes características (CPC, art. 387):

- **pessoalidade**, ou seja, apenas a parte pode depor, não se admitindo que seja realizada por procurador ou advogado;
- **indelegável**, pois não pode ser prestada por outra pessoa, apenas pela própria parte.

No entanto, as **pessoas jurídicas** podem se fazer representar por **preposto**, pois quem presta o depoimento pessoal deve ter conhecimento dos fatos conflituosos, e nem sempre o representante legal que consta no contrato social ou em estatutos tem ciência da realidade fática discutida na demanda. Portanto, o requisito para o preposto representar a empresa é ser conhecedor dos fatos conflituosos. A pessoa jurídica deve comprovar em juízo, por meio de carta de preposição ou representação, que o preposto recebeu poderes para prestar o depoimento, inclusive poderes para confessar.

As partes são inquiridas ou perguntadas na audiência da mesma forma que as testemunhas, aplicando-se as regras compatíveis. O advogado da parte contrária à que presta depoimento pode perguntar diretamente ao depoente, e as respostas devem ser registradas em ata.

Se ambas as partes devem prestar o depoimento pessoal, o juiz deve observar as regras da incomunicabilidade – a parte que não depôs não pode assistir ao depoimento da outra. Ouve-se, incialmente, o autor e, depois, o réu.

Durante o depoimento, a parte não pode recusar-se a depor sobre o que lhe for perguntado quanto aos fatos controvertidos do processo ou mesmo empregar evasivas nas respostas, o que pode acarretar-lhe a aplicação da pena de confissão ficta, a ser aplicada na sentença, presumindo-se confessado o fato, como se extrai do CPC, art. 386.

Há exceções dispostas no CPC, art. 388, que estabelece o direito da parte ao silêncio em perguntas determinadas, protegendo seus direitos de não autoincriminação, de proteção da família e de sigilo profissional.

— 4.11.2 —
Confissão

O CPC, art. 389, assim conceitua *confissão*: "Há confissão, judicial ou extrajudicial, quando a parte admite a verdade de fato contrário ao seu interesse e favorável ao do adversário" (Brasil, 2015). É um ato da parte que gera consequências no processo.

A confissão pode ser praticada pessoalmente ou por representante ou procurador com poderes expressos e específicos para confessar.

Verificada a confissão, o primeiro efeito é o juiz poder dispensar as provas requeridas pelas partes, como consta no CPC, art. 374, inciso II. O segundo efeito é a presunção de veracidade, o que torna o fato incontroverso diante da admissão pela outra parte. Por isso, apenas a parte capaz pode confessar validamente; se a confissão decorrer de erro de fato ou coação, pode ser anulada, como disposto no CPC, art. 393.

A confissão somente tem efeito para o confitente, não alcançado o litisconsorte (CPC, art. 391). Na análise do instituto, é importante esclarecer que a confissão não se confunde com o reconhecimento jurídico do pedido ou a renúncia ao direito.

A confissão é, em regra, **indivisível**, pois não pode o adversário do confitente selecionar os fatos sobre os quais deve incidir a confissão, separando o que lhe é favorável, tal como disposto no CPC, art. 395. Um exemplo é o caso em que o autor da ação ingressa com cobrança do valor de R$ 50 mil, mas, na contestação, o réu confessa que deve R$ 25 mil. O autor não pode aproveitar-se apenas da parte da confissão que admite a dívida para querer a condenação ao total de R$ 50 mil, pois a confissão ocorreu apenas quanto a R$ 25 mil; o restante é controverso.

A confissão também tem o caráter de ser **irrevogável**, ou seja, a parte não pode voltar atrás. Entretanto, pode ser anulada se obtida por erro de fato ou coação, de acordo com o CPC, art. 393.

Espécies de confissão

A confissão pode ser real ou ficta, judicial ou extrajudicial.

A confissão **real** configura-se como ato volitivo da parte que declara ter ciência de que efetivamente ocorreu um fato contrário a si e favorável ao outro. É expressa e explícita. Já a confissão **ficta** ocorre na hipótese do CPC, art. 385, parágrafo 1º, isto é, se a parte devida e pessoalmente intimada para prestar depoimento não comparece ou, comparecendo, se recusa a depor, cominando a pena de confesso. A lei presume, nesses casos, a confissão, a qual é denominada de *ficta*.

Os efeitos da confissão real e ficta são os mesmos, ou seja, o juiz pode dispensar as provas requeridas pelas partes diante da confissão.

A confissão ainda pode ser judicial ou extrajudicial, como mencionamos.

A confissão **judicial** pode ser provocada ou espontânea. A provocada é resultado do depoimento pessoal da parte que, questionada em juízo, admite fatos contrários ao seu interesse e favoráveis ao adversário. A espontânea pode se efetivar a qualquer momento do processo, inclusive por meio de advogado com poderes específicos para confessar, ou efetuada diretamente pela parte, que admite a verdade de fatos contrários ao seu interesse e favoráveis ao adversário. Ambas têm o mesmo efeito e força.

Já a confissão **extrajudicial** pode ser escrita ou oral. A parte pode valer-se da escrita para admitir fato contrário a si ou confessar oralmente. Esse tipo de confissão se comprova por qualquer meio (*v.g.*: testemunhas, gravação).

— 4.11.3 —
Prova testemunhal

A testemunha caracteriza-se por ser alguém que não participa do processo como parte ou terceiro interveniente. Para depor em juízo, precisa declarar o que presenciou em relação aos fatos da causa, caso em que é denominada **testemunha direta**, pois viu os fatos acontecerem.

A **testemunha indireta** não assistiu aos fatos, mas pode tê-los ouvido, podendo, assim, contribuir para a elucidação das questões em litígio, como no caso de atestar que escutou uma freada brusca em um acidente de veículo.

Nosso sistema também admite a **testemunha referencial**, aquela que ouviu dizer que o fato aconteceu por descrição de outras pessoas o que se constitui em um indício da ocorrência do fato.

Segundo o CPC, art. 442, "a prova testemunhal é sempre admissível, não dispondo a lei de modo diverso" (Brasil, 2015), com as seguintes exceções do artigo subsequente:

> Art. 443. O juiz indeferirá a inquirição de testemunhas sobre fatos:
>
> I – já provados por documento ou confissão da parte;
>
> II – que só por documento ou por exame pericial puderem ser provados. (Brasil, 2015)

Nesta última hipótese, admite-se prova testemunhal quando há **início de prova escrita** oriunda da parte contra quem se pretende produzir a prova, conforme o CPC, art. 444, o que significa que qualquer indício de prova por escrito pode ser complementado pela prova testemunhal.

Somente a **pessoa natural** pode prestar depoimento; a pessoa jurídica, por ser uma ficção, não pode ser testemunha. A regra geral do CPC, art. 447, é: "Podem depor como testemunhas todas as pessoas, exceto as incapazes impedidas ou suspeitas" (Brasil, 2015). O rol dos **incapazes** para depor como testemunhas encontra-se no CPC, art. 447:

> Art. 447. [...]
>
> § 1º São incapazes:
>
> I – o interdito por enfermidade ou deficiência mental;
>
> II – o que, acometido por enfermidade ou retardamento mental, ao tempo em que ocorreram os fatos, não podia discerni-los, ou, ao tempo em que deve depor, não está habilitado a transmitir as percepções;

III – o que tiver menos de 16 (dezesseis) anos;

IV – o cego e o surdo, quando a ciência do fato depender dos sentidos que lhes faltam. (Brasil, 2015)

O **impedimento** e a **suspeição** da testemunha referem-se à eventual ligação da parte com a testemunha que pode comprometer seu depoimento por falta de isenção. Assim, prevê o CPC, art. 447:

> Art. 447. [...]
>
> § 2º São impedidos:
>
> I – o cônjuge, o companheiro, o ascendente e o descendente em qualquer grau e o colateral, até o terceiro grau, de alguma das partes, por consanguinidade ou afinidade, salvo se o exigir o interesse público ou, tratando-se de causa relativa ao estado da pessoa, não se puder obter de outro modo a prova que o juiz repute necessária ao julgamento do mérito;
>
> II – o que é parte na causa;
>
> III – o que intervém em nome de uma parte, como o tutor, o representante legal da pessoa jurídica, o juiz, o advogado e outros que assistam ou tenham assistido as partes.
>
> § 3º São suspeitos:
>
> I – o inimigo da parte ou o seu amigo íntimo;
>
> II – o que tiver interesse no litígio. (Brasil, 2015)

Algumas pessoas têm tratamento diferenciado. Ao serem arroladas como testemunhas, em razão do cargo, as autoridades enumeradas no CPC, art. 454, podem indicar o local e a data em que pretendam prestar o depoimento, não sendo aplicada a obrigatoriedade de comparecimento na audiência de instrução.

Outra regra específica refere-se ao **juiz da causa**. Ao ser arrolado como testemunha, o juiz:

> Art. 452. [...]
>
> I – declarar-se-á impedido, se tiver conhecimento de fatos que possam influir na decisão, caso em que será vedado à parte que o incluiu no rol desistir de seu depoimento;
>
> II – se nada souber, mandará excluir o seu nome. (Brasil, 2015)

Na hipótese do inciso I, declarando-se impedido, o juiz passa a demanda ao seu substituto legal.

Há regra especial para os **servidores públicos** arrolados como testemunhas, segundo a qual a intimação para comparecimento deve ser dirigida mediante requisição aos seus superiores.

De acordo com o CPC, art. 448, as testemunhas não estão obrigadas a depor sobre acontecimentos que podem configurar as seguintes situações:

Art. 448. A testemunha não é obrigada a depor sobre fatos:

I – que lhe acarretem grave dano, bem como ao seu cônjuge ou companheiro e aos seus parentes consanguíneos ou afins, em linha reta ou colateral, até o terceiro grau;

II – a cujo respeito, por estado ou profissão, deva guardar sigilo. (Brasil, 2015)

Produção da prova testemunhal

O procedimento para a produção da prova testemunhal inicia-se com o **requerimento**, que necessariamente deve ocorrer na petição inicial e na contestação, indicando a parte que pretende usar essa modalidade de prova. A qualificação completa da testemunha somente se dá após o deferimento da prova, em regra, na decisão saneadora. Deferida a prova, o juiz abre prazo comum, não superior a 15 dias, para que as partes arrolem as testemunhas, informando dados conhecidos e endereço completo de residência e trabalho.

Cada parte pode arrolar no máximo dez testemunhas, e o juiz pode dispensar as excedentes de três para comprovar cada fato. São as regras expostas no CPC, art. 357, quanto à decisão saneadora.

Arrolada tempestivamente, somente pode ser substituída, na forma do CPC, art. 451, a testemunha que:

a. falecer;
b. por enfermidade, não estiver em condições de depor;
c. por ter mudado de residência ou local de trabalho, não for encontrada.

A testemunha é intimada para comparecer em dia, hora e local previamente determinados pelo juízo para prestar depoimento. Compete ao advogado da parte que arrolou a testemunha providenciar a **intimação**, pelo correio e com aviso de recebimento. A testemunha, nesse caso, deve comparecer à audiência, sob pena de ser conduzida coercitivamente em outra data, a ser designada pelo juiz. Ou seja, intimada a testemunha, torna-se obrigatória sua presença, salvo se a parte que a arrolou desistir de seu depoimento. Outra forma de comparecimento da testemunha é por comunicação feita pela parte ou pelo advogado, independentemente de intimação pelo correio. Nesta última hipótese, se a testemunha não comparecer para depor, presume-se a desistência do depoimento.

A intimação da testemunha pode ser efetuada pelo juízo se ocorrer algumas das circunstâncias previstas no CPC, art. 455, parágrafo 4º, quais sejam: se frustrada a intimação pelo correio; se a parte demonstrar ao juiz a necessidade de que a intimação se dê judicialmente; se a testemunha for servidor público ou militar.

Ao ouvir as testemunhas em audiência, o juiz deve observar o **princípio da incomunicabilidade**, providenciando para que sejam ouvidas separadamente. Aquela que ainda não depôs não pode assistir ao depoimento da outra. Igualmente, depois de prestar depoimento, a testemunha não pode ter contato com aquelas que ainda não depuseram.

A **ordem dos depoimentos** está elencada no CPC, art. 456: devem ser ouvidas inicialmente as testemunhas arroladas pelo autor e, depois, aquelas indicadas pelo réu. No início do depoimento, a testemunha é qualificada e assume o compromisso de dizer a verdade; o magistrado deve alertar que pode incorrer no crime de falso testemunho, conforme o Código Penal (CP, art. 342), se ficar comprovado que faltou com a verdade, se a ocultou ou se permaneceu calada, de acordo com o disposto no CPC, art. 458.

Na sequência, abre-se a oportunidade para que a parte contrária, que não arrolou a testemunha, a contradite. *Contraditar* significa arguir algumas das condições aventadas no art. 447 – incapacidade, impedimento ou suspeição da testemunha, sob pena de preclusão (CPC, art. 457, parágrafo 1º). Excepcionalmente, o juiz pode tomar o depoimento das testemunhas incapazes, impedidas ou suspeitas sem que prestem o compromisso de dizer a verdade, na condição de **informantes**, mas o depoimento tem valor relativo e será considerado apenas se estiver em consonância com as demais provas.

Os **questionamentos** devem ser efetuados pelos advogados das partes – primeiro aquele que arrolou e, depois, o da outra parte. Devem ser feitas perguntas diretas, sujeitas ao controle do juiz, que pode indeferir as perguntas ou alertar os advogados para que não façam perguntas impertinentes ou irrelevantes, além de advertir que deve ser dispensado tratamento adequado às testemunhas. Os depoimentos são registrados na ata da audiência.

Se o juiz constatar **divergência** entre depoimentos de testemunhas ou de testemunha e da parte, pode ordenar, na própria audiência, que as testemunhas ou as partes esclareçam as declarações, confrontando depoimentos e alertando-os de que podem retificá-los para não serem processados pelo crime de falso testemunho. Tal procedimento é chamado de **acareação**, e as testemunhas ou as partes são ouvidas em conjunto ou cara a cara, o que é autorizado pelo CPC, art. 461, inciso II.

O legislador considera que a testemunha tem o dever de colaborar com o Poder Judiciário. Por isso, o CPC, art. 463, prevê que o depoimento prestado é considerado serviço público. Logo, o testigo não pode sofrer descontos no salário, se sujeito ao regime celetista, e pode ter ressarcidas as despesas que efetuou para o comparecimento à audiência, desde que o requeira nessa ocasião. Arbitrado pelo juízo, o ressarcimento deve ser depositado no prazo de três dias pela parte que arrolou a testemunha, em conformidade com o disposto no CPC, art. 462.

— 4.11.4 —
Prova documental

Documento é o registro de símbolos (letras, números, palavras, desenhos, imagens e sons) em algum meio físico, magnético ou eletrônico, por atividade humana, do qual se pode extrair a ocorrência de um fato.

Se os símbolos foram produzidos ou tão somente armazenados em plataforma digital, são considerados **documentos eletrônicos/digitais**. O CPC dedicou-lhes uma parte específica, do art. 439 ao 441. A Lei n. 11.419, de 19 de dezembro de 2006 (Brasil, 2006) regula o processo eletrônico, a transmissão de dados, as intimações e a assinatura eletrônica, permitindo a implantação do processo em meio virtual.

No momento da edição deste livro, em 2024, estamos migrando de um sistema de processos físicos para eletrônicos, e essa fase intermediária se reflete no CPC, pois há regras tanto para a prova produzida em meio físico como para a prova produzida em meio eletrônico/digital.

O conceito de prova documental é amplo e constitui-se por dois elementos, o **suporte** e o **conteúdo**. Todos os meios ou suportes (físicos, eletrônicos ou digitais) que registrem símbolos dos quais se extrai a ocorrência de fatos (papel, gravação telefônica, fita magnética, fotografia digital ou física) são considerados documentos, e sua produção no processo segue o procedimento da prova documental. Além do suporte, podemos destacar, como elemento do documento, o conteúdo, que representa o fato ou a vontade humana.

Quanto à confecção, o **autor intelectual** é quem concebe o conteúdo, e o **autor material** é quem cria ou redige o documento. Pode haver coincidência entre ambos, porém, como prova, é importante a diferenciação, já que, se o documento for assinado pelo autor intelectual, mesmo que lavrado por outrem, o autor intelectual faz prova contra si.

Quanto à origem, podemos classificar o documento como público ou privado. **Documento público** é lavrado por agente estatal enquanto exercente da função e é dotado de fé pública, presumindo-se a veracidade das informações. Um exemplo são as escrituras, lavradas por tabeliões, e as certidões expedidas por funcionários de repartições públicas. **Documento privado** é confeccionado entre particulares sem a participação de agentes estatais. Existem regras no CPC que equiparam documentos especiais a particulares, conforme os arts. 413 e 414.

O documento público e o particular têm a mesma força probatória; entretanto, o particular perde mais facilmente a força probante, especialmente nas hipóteses do CPC, arts. 436 e 428, que tratam das possibilidades de impugnação pela parte contrária; nas razões, deve ser indicado o conteúdo da impugnação. O documento público apenas perderá a força probante se isso for declarado judicialmente em ação específica (CPC, art. 427).

Por fim, os documentos podem ser originais ou cópias. O **original** é o primeiro documento criado; a **cópia** é a reprodução por qualquer meio, físico ou digital. As cópias têm a mesma força probante dos originais, desde que não sejam impugnadas pela parte contra quem produz a prova, de acordo com o CPC.

Produção da prova documental

O momento adequado para a apresentação da prova documental em juízo está disposto no CPC, art. 434. O autor deve juntá-la na inicial, e o réu, na contestação. Excepcionalmente, as partes podem produzir a prova documental a qualquer tempo no processo, desde que ocorram as circunstâncias do CPC, art. 435, quais sejam:

a. os documentos são novos, ou seja, não existiam no momento da propositura da ação e registram fatos ocorridos após o início do processo;

b. os documentos fazem contraprova às alegações da outra parte. A contraprova consiste na apresentação de documento que já existia, mas que não foi juntado anteriormente porque a parte não sabia que dele necessitaria.

Por essa regra, há um novo conceito de documento novo, que consiste em considerar o conhecimento da parte ou seu acesso ao documento. Portanto, o documento pode ser tomado como novo quando, apesar de já existir no momento da propositura da demanda, a parte demonstrar que tomou conhecimento dele ou pode acessá-lo somente após a petição inicial ou a contestação. No entanto, a parte deve justificar e comprovar o que de fato alega para a juntada posterior do documento, sob pena de caracterizar má-fé processual, sujeitando-se às penalidades legais.

Em qualquer caso, a juntada de documentos deve respeitar o contraditório. O juiz **sempre deve abrir vistas** à outra parte, com prazo de 15 dias, sob pena de nulidade, conforme o CPC, art. 437, parágrafo 1º.

A impugnação aos documentos juntados aos autos em qualquer fase do processo se dá conforme o disposto no CPC:

> Art. 436. A parte, intimada a falar sobre documento constante dos autos, poderá:
>
> I – impugnar a admissibilidade da prova documental;
>
> II – impugnar sua autenticidade;
>
> III – suscitar sua falsidade, com ou sem deflagração do incidente de arguição de falsidade;
>
> IV – manifestar-se sobre seu conteúdo.
>
> Parágrafo único. Nas hipóteses dos incisos II e III, a impugnação deverá basear-se em argumentação específica, não se admitindo alegação genérica de falsidade. (Brasil, 2015)

Incidente de falsidade do documento

O contraditório sobre a prova documental é obrigatório, entre outras razões, porque a parte contra quem se produz o documento deve avaliar se ele é íntegro. Nisso consiste a arguição de falsidade.

Entretanto, a parte pode optar por ingressar com:

a. ação autônoma para obter a declaração de falsidade;
b. ação incidental àquela em que o documento foi produzido, vale dizer, a parte denuncia a falsidade efetuando pedido e ampliando o objeto da demanda para que se declare falso o documento juntado;
c. mero incidente, ou seja, a parte simplesmente impugna o documento, qualificando-o como falso, mas não solicita em pedido autônomo.

A diferença entre essas três figuras é que, nas duas primeiras, a declaração de falsidade gera coisa julgada e seus efeitos se espraiam para fora do processo. Já no mero incidente, a declaração de falsidade tem efeito apenas no processo em que foi produzida.

O procedimento do incidente de arguição de falsidade, seja como ação incidental, seja como mero incidente, está regulado no CPC, do art. 430 ao 433. O prazo para sua provocação é de 15 dias após a juntada aos autos, correspondente ao prazo para impugnar o documento. Outra peculiaridade é a necessidade de prova pericial para a constatação da falsidade.

— 4.11.5 —
Prova pericial

A prova pericial consiste na verificação de fatos controvertidos por um auxiliar, nomeado pelo juízo, que detenha conhecimentos técnicos em outra área da ciência que não o direito.

Por exemplo, a diminuição da capacidade laborativa da vítima de um acidente somente pode ser constatada por profissional da área médica, que vai averiguar a existência de lesões ou sequelas permanentes. O juiz não pode dispensar a perícia se o fato depende de conhecimento científico. O CPC, no entanto, indica os casos em que o magistrado pode indeferir a perícia:

> Art. 464. A prova pericial consiste em exame, vistoria ou avaliação.
>
> § 1º O juiz indeferirá a perícia quando:
>
> I – a prova do fato não depender de conhecimento especial de técnico;
>
> II – for desnecessária em vista de outras provas produzidas;
>
> III – a verificação for impraticável. (Brasil, 2015)

Importante esclarecer que, mesmo com formação técnica em outra área específica coincidente com aquela necessária para elucidar o fato litigioso, o juiz não pode atuar como perito, pois a prova é dos autos, e o julgador não pode cumular as duas atuações. Além disso, o laudo pericial deve ser confeccionado para fazer parte do acervo probatório; logo, não serve apenas para o convencimento do magistrado, mas às partes e ao tribunal que eventualmente atuará em grau de recurso.

Segundo o CPC, art. 464, a perícia pode ser classificada como exame, vistoria ou avaliação:

- o **exame** é a verificação de pessoas ou coisas para elucidação de uma questão técnica;
- a **vistoria** é a averiguação de bens imóveis;
- a **avaliação** é a imputação de valores a coisas, direitos ou obrigações.

A perícia é meio de prova complexo, pois exige vários atos para sua realização. É onerosa financeiramente, e as partes devem arcar com os honorários do perito e eventuais diligências para a confecção do laudo. Por isso, o legislador inovou ao prever novas modalidades de perícia e, dependendo da causa e do custo financeiro, a perícia pode ser simplificada e consensual.

A **perícia simplificada** consiste na inquirição do perito pelo juiz e pelas partes sem a necessidade de entrega do laudo. O profissional pode valer-se de recursos tecnológicos de transmissão de sons e imagens para esclarecer os pontos controvertidos da causa em audiência. Essa espécie de perícia é a menos onerosa financeiramente e a menos complexa.

A **perícia consensual** também é novidade, já que, no sistema anterior, a escolha do perito cabia exclusivamente ao juiz. Nessa nova modalidade, prevista no CPC, art. 471, cabe às partes, de comum acordo, indicar um profissional de sua confiança, com conhecimento técnico na área específica, para confeccionar o laudo, a fim de elucidar a questão fática controvertida. Nesse caso, o juiz não pode indeferir a escolha.

O juiz pode dispensar a perícia se as partes juntarem na inicial e na contestação pareceres técnicos capazes de elucidar o fato técnico controvertido (CPC, art. 472) suficientes para o julgamento. Essa é a **perícia extrajudicial**.

Quando a escolha do perito não é consensual, o juiz deve nomeá-lo, conforme as regras do CPC, art. 156, parágrafo 1º, que prevê a designação entre profissionais legalmente habilitados perante órgãos técnicos ou científicos e inscritos em cadastro mantido pelo tribunal. A indicação somente pode recair em profissionais devidamente relacionados no arquivo do tribunal, seguindo o critério determinado pelo CPC, art. 157, parágrafo 2º.

Produção de prova pericial

Nomeado pelo juízo, o perito é intimado para, em cinco dias, apresentar a proposta de honorários e juntar aos autos currículo atualizado com a comprovação de sua especialização e dados para contato, sob pena de substituição (CPC, art. 465, parágrafo 2º).

Apresentada a proposta de honorários pelo perito, as partes serão intimadas para, em cinco dias, se manifestarem. Havendo impugnação pelas partes, o valor é fixado pelo magistrado, de acordo com a complexidade do caso concreto. Não há tabela específica para que o juiz fixe os honorários periciais, apenas referenciais de valores divulgados pelos órgãos profissionais.

Em regra, o deferimento da prova pericial ocorre na decisão saneadora, mas isso também pode acontecer na audiência compartilhada (CPC, art. 357, parágrafo 3º), designada em casos complexos para que o juiz defina provas e aspectos controvertidos em cooperação com a partes. Na decisão que defere a prova pericial, o magistrado abre prazo de 15 dias para as partes (CPC, art. 465):

a. arguírem impedimento ou suspeição do perito, se for o caso;
b. indicarem assistente técnico;
c. apresentarem quesitos.

A parte pode arguir **impedimento e suspeição** do perito pelas mesmas causas que motivam a parcialidade do juiz, de acordo com a regra constante do CPC, art. 148, inciso III.

Os **quesitos** podem ser apresentados pelas partes e pelo juiz e consistem em questões que devem ser esclarecidas pelo *expert* no laudo pericial. Durante a realização da prova, as partes podem apresentar quesitos suplementares, em consonância com o CPC, art. 469, observado o limite temporal da entrega do laudo.

Os **assistentes técnicos**, por sua vez, são auxiliares indicados e escolhidos pelas partes que não sofrem impedimento e suspeição, pois atuam como colaboradores, remunerados e dirigidos pelas partes.

Na forma do CPC, art. 95, os **honorários do perito** devem ser adiantados pela parte que solicitou a perícia ou divididos entre as partes se a perícia foi determinada de ofício ou solicitada por elas. O juiz, ao estabelecer o valor da remuneração do perito, deve esclarecer a forma de pagamento, pois existe a possibilidade de pagar até 50% do valor no início dos trabalhos periciais e o restante na entrega do laudo.

O **laudo** é o documento confeccionado pelo perito com as conclusões técnicas sobre o fato litigioso da causa e as respostas aos eventuais quesitos das partes e do juízo. Esse documento deve conter os requisitos previstos no CPC, art. 473, e ser elaborado em linguagem simples, com coerência lógica (CPC, art. 473, parágrafo 1º) e com a indicação do método utilizado.

A prova pericial não tem prevalência sobre os demais meios probatórios. Por conta da ausência de hierarquia entre provas e, nesse exato sentido, o CPC, no art. 479, estabelece que o juiz não está adstrito ao laudo pericial.

Para facilitar a realização da prova pericial e otimizar os prazos, o magistrado pode fixar calendário processual, na forma do CPC, art. 191: em negociação com as partes, indica as datas da prática dos atos processuais relativos à perícia, não havendo necessidade de nova intimação, o que simplifica o procedimento da prova. A criação do calendário processual vincula o juízo e as partes, que ficam cientes de antemão do prazo para a prática dos atos.

— 4.12 —
Exibição de documento ou coisa

A exibição de documento ou coisa é incidente previsto no CPC, do art. 396 ao 404, e tem por objetivo possibilitar às partes a obtenção de prova, que pode abranger a documental ou qualquer outra coisa que possa constituir elemento de convicção para o juízo. Esse procedimento é específico para utilização em processo já instaurado; caso a parte necessite de prova para ingressar com a ação, deve ingressar com a produção antecipada de provas.

Muitas vezes, para comprovar alegações, a parte necessita de provas que estão com a outra parte ou com terceiros. A norma estabelece dois procedimentos distintos para alcançar essas provas: contra a parte contrária (CPC, do art. 396 ao 400) e contra terceiros (CPC, do art. 401 ao 404).

Se o incidente for instaurado **contra a parte**, o interessado deve indicar no requerimento (requisitos no CPC, art. 397) qual fato pretende comprovar com aquele documento ou coisa, pois, caso a parte se recuse a apresentá-los, ao deferir o pedido, o juiz admite como verdadeiros os fatos que a parte pretendia demonstrar.

O pedido de exibição **contra terceiro** reveste-se de natureza de ação, pois a outra parte deve ser citada para ter ciência do procedimento e apresentar eventual defesa contra o requerimento. A diferença em relação ao procedimento contra a parte é que as consequências pelo descumprimento são distintas. No pedido de exibição contra terceiro, este fica sujeito, na forma do CPC, art. 403, ao mandamento de entrega da prova, efetuado pelo órgão jurisdicional; caso não cumpra, caracteriza-se desobediência à ordem judicial.

O terceiro e a parte podem se escusar de exibir o documento ou a coisa nas hipóteses do CPC, art. 404, que, em resumo, tratam da proteção da própria honra e da família, da não autoincriminação e de outros motivos graves que, a critério do juiz, possam justificar a recusa. No entanto, existem situações previstas no CPC, art. 399, em que a parte não pode se recusar a exibir a prova em juízo:

> Art. 399. O juiz não admitirá a recusa se:
>
> I - o requerido tiver obrigação legal de exibir;
>
> II - o requerido tiver aludido ao documento ou à coisa, no processo, com o intuito de constituir prova;
>
> III - o documento, por seu conteúdo, for comum às partes. (Brasil, 2015)

Ao julgar o incidente, se acolhido o pedido de exibição, o juiz determina que a parte ou o terceiro apresente o documento ou a coisa em juízo, sob as penas da lei.

— 4.13 —
Inspeção judicial

A inspeção judicial é o último meio de prova típico previsto no CPC e está regulada do art. 481 ao 484. Configura-se como a modalidade probatória em que o julgador inspeciona diretamente pessoas ou coisas, a fim de esclarecer os fatos da causa. Isso porque o juiz tem contato com as questões fáticas pela descrição efetuada pelas partes e, mesmo colhendo a prova, seu contato é indireto. A inspeção judicial é o meio de prova que permite ao juiz ter contato direto com as pessoas, coisas ou locais que são objeto do processo. Como exemplo, podemos citar as ações de interdição em que o juiz deve ter contato direto com o interditando, entrevistando-o para verificar a perda da capacidade do sujeito.

O procedimento da inspeção judicial inicia-se pelo pedido de uma das partes, mas pode ser determinado de ofício pelo juiz e ocorrer até mesmo fora da sede do juízo, de modo a realizar diligências para ter contato com um algum elemento probatório relevante. O juiz pode, por exemplo, dirigir-se ao local do acidente para averiguar as condições da pista, como visibilidade e sinalização.

Em regra, as provas são produzidas na fase instrutória, porém a inspeção judicial pode ser realizada a qualquer momento, se deferida pelo juiz sem provocação das partes. Se a requisição partir do autor ou do réu, a inspeção judicial deve ser requerida na inicial e produzida na fase instrutória.

A inspeção sujeita-se ao contraditório e, para assegurar sua validade, as partes devem ser intimadas para acompanhar a diligência, que será documentada. O registro da inspeção será efetuado por meio do auto circunstanciado, de acordo com o CPC, art. 484.

— 4.14 —
Audiência de instrução e julgamento

A audiência de instrução encerra a fase probatória e tem por finalidade permitir a produção de provas orais requeridas pelas partes. Esse ato processual é complexo, tendo em vista a necessidade do comparecimento de várias pessoas, da colheita da prova e do encerramento do iter procedimental, preparando-o para a fase de julgamento. É regido pelos princípios da oralidade, do contraditório, da cooperação e da unidade da audiência.

Logo, existem atos preparatórios necessários para a audiência de instrução, como a designação de data pelo juízo com antecedência para que as partes e, eventualmente, o juiz promovam a intimação daqueles que devam comparecer.

As provas que podem ser produzidas nessa audiência, se requeridas e deferidas pelas partes, são: prova pericial simplificada, com esclarecimentos prestados pelo perito e pelos assistentes técnicos; depoimento pessoal das partes; e prova testemunhal.

Portanto, designada a audiência, os advogados das partes devem ser intimados, pois precisam acompanhar os demandantes ao ato, bem como fazer a intimação das testemunhas que arrolaram. Por outro lado, o juiz deve determinar as intimações de perito e assistentes técnicos para eventuais esclarecimentos, bem como intimar as partes para prestarem depoimento pessoal.

De acordo com o CPC, art. 358, no dia previamente marcado para a realização da audiência, o juiz faz a **abertura**, anunciando (apregoando) aos advogados e às partes o início da audiência. O pregão é efetuado por auxiliar do juízo na porta da audiência, divulgando-se os dados do processo. Atualmente, é comum que, perto das salas de audiência, existam pregões eletrônicos ou painéis luminosos que informem o início do ato.

É dever do juiz tentar aproximar as partes para a **tentativa de conciliação**, conforme previsão do CPC, art. 359. Caso isso não seja possível, tem início a **produção das provas**, segundo delimitação promovida pelo juiz na decisão saneadora, que tem como um de seus conteúdos a fixação dos pontos controvertidos sobre os quais recaem as provas a serem produzidas.

O CPC, art. 361, indica a ordem na qual as provas orais são produzidas na audiência:

1. oitiva de peritos e assistentes técnicos;
2. depoimentos pessoais: primeiro o autor, depois o réu;
3. depoimentos das testemunhas: primeiro as testemunhas arroladas pelo autor, depois as testemunhas arroladas pelo réu.

> O juiz pode alterar a ordem processual com a concordância das partes (CPC, art. 456, parágrafo único).

Como tratado na seção relativa às provas em espécie, o juiz deve preservar a incomunicabilidade das partes das testemunhas, ou seja, aquele que ainda não depôs não pode assistir ao depoimento dos demais.

O juiz preside a audiência e não deve permitir intervenções indevidas de advogados e membros do Ministério Público, apenas se autorizados pelo magistrado. No entanto, o CPC permite que perguntas às partes e às testemunhas sejam efetuadas diretamente pelo advogado, não necessitando de intermediação do juiz, apesar de este poder indeferir perguntas impertinentes, capciosas ou repetidas.

Colhidas as provas orais, o juiz encerra a fase instrutória e abre prazo para **debates orais ou alegações finais** das partes, a serem efetuados oralmente em até 20 minutos, prorrogáveis por mais 10 minutos. Esse ato tem o objetivo de enfatizar as provas produzidas em audiência. Em causa complexa, o juiz pode substituir os debates orais por razões finais escritas, chamadas de **memoriais**, em prazo comum de 15 dias para autos eletrônicos ou em prazos sucessivos para autos físicos (primeiro o autor, depois o réu e o Ministério Público).

A audiência de instrução caracteriza-se por ser una e contínua, o que impede seu desmembramento, salvo casos específicos e com anuência das partes. Por ser ato complexo, o magistrado não pode designar várias datas para a tomada de depoimentos, devendo concentrá-los em uma única data. É o que dispõe o CPC, art. 365.

A audiência somente pode ser **adiada** nas hipóteses do CPC, art. 362:

a. **Por convenção das partes**: nesse caso, não há necessidade de justificativa para o adiamento, desde que o pedido seja efetuado por todas as partes.

b. **Por não comparecimento com motivo justificado de qualquer pessoa que deva necessariamente participar**: a parte ou testemunha deve justificar com antecedência a ausência, pois cabe ao juiz analisar tal justificativa. É importante frisar que as consequências da ausência de partes, testemunhas e advogados são distintas: se a parte intimada pessoalmente para prestar depoimento pessoal não comparecer, receberá a pena de confesso; a testemunha será conduzida para prestar depoimento em outra data, sendo responsável pelas custas do adiamento; o advogado terá a dispensa das provas apresentadas por ele.

c. **Por atraso injustificado superior a 30 minutos do horário marcado**: essa norma se dirige ao juiz, porquanto é ele quem dá início à audiência. Partes, advogados, testemunhas e demais participantes da audiência não podem atrasar. A rigor, não há tolerância, por parte do juiz, para atrasos. A finalidade da norma é evitar que aqueles que devam participar da audiência aguardem por tempo demasiado pelo início do ato.

Capítulo 5

Fase decisória: a sentença

Encerrada a fase instrutória, o juiz profere a sentença na própria audiência ou no prazo de 30 dias, de acordo com o Código de Processo Civil (CPC), art. 366. A sentença é proferida pelo juiz de primeiro grau definido pelo CPC, art. 203, e corresponde ao "pronunciamento por meio do qual o juiz, com fundamento nos arts. 485 e 487, põe fim à fase cognitiva do procedimento comum, bem como extingue a execução" (Brasil, 2015).

Por esse dispositivo, podemos perceber que o legislador adotou dois critérios para a identificação do ato como sentença:

1. **critério do conteúdo**, conforme o CPC, art. 485 (sentenças processuais ou terminativas) e art. 487 (sentenças de mérito ou definitivas);
2. **critério do momento** em que a sentença é proferida, pois o pronunciamento dá fim à fase cognitiva do procedimento comum, bem como extingue a execução, como mencionado anteriormente.

O processo pode ter seguimento com a **fase recursal** ou o **cumprimento de sentença**. A fase de conhecimento, porém, encerra-se com a prolação da sentença.

Com as reformas processuais iniciadas em meados dos anos 2000, o processo de conhecimento deixou de ser dual (processo de conhecimento-execução autônomos e em sequência), com a

> execução como fase do processo de conhecimento ou do cumprimento de sentença – hoje denominado *processo sine intervallo* ou *sincrético*.

— 5.1 —
Sentença processual ou terminativa

A sentença processual ou terminativa é aquela que não resolve o mérito da causa, e o juiz declara que não pode analisar o mérito (pedido constante da inicial) em razão de um vício processual gravíssimo ou não sanado.

Vejamos o rol dos defeitos que podem levar o processo à extinção:

> Art. 485. O juiz não resolverá o mérito quando:
>
> I – indeferir a petição inicial;
>
> II – o processo ficar parado durante mais de 1 (um) ano por negligência das partes;
>
> III – por não promover os atos e as diligências que lhe incumbir, o autor abandonar a causa por mais de 30 (trinta) dias;
>
> IV – verificar a ausência de pressupostos de constituição e de desenvolvimento válido e regular do processo;
>
> V – reconhecer a existência de perempção, de litispendência ou de coisa julgada;

VI – verificar ausência de legitimidade ou de interesse processual;

VII – acolher a alegação de existência de convenção de arbitragem ou quando o juízo arbitral reconhecer sua competência;

VIII – homologar a desistência da ação;

IX – em caso de morte da parte, a ação for considerada intransmissível por disposição legal; e

X – nos demais casos prescritos neste Código. (Brasil, 2015)

Uma novidade trazida pelo CPC é a possibilidade de o magistrado decidir parcialmente uma demanda, acolhendo, antes do término do processo, um ou algum dos pedidos iniciais. Nesse caso, apesar de o juiz julgar um ou mais pedidos com fundamento no art. 485 ou 487, a decisão não será uma sentença, mas uma decisão interlocutória de mérito. Para se constituir sentença, a decisão deve pôr fim à fase cognitiva do procedimento.

Logo, a **decisão parcial de mérito** não encerra a fase de conhecimento (CPC, arts. 356, 354 e seu parágrafo único), pois tem natureza interlocutória (CPC, art. 203, parágrafo 2º), com ou sem mérito.

— 5.2 —
Sentença definitiva ou de mérito

A sentença de mérito é a desejada pelo sistema ou aquela em que o juiz acolhe ou rejeita o pedido formulado pelo autor da ação ou da reconvenção, resolvendo o conflito (CPC, art. 487, I), designada como **sentença de mérito típica**. Quando alcança a sentença definitiva, o Estado realiza a função de entregar a prestação jurisdicional.

O CPC, art. 487, incisos II e III, encarta a **sentença de mérito atípica**, ou falsa sentença de mérito, visto que seus efeitos se equiparam aos descritos no inciso I, das sentenças de mérito, mas, em verdade, o juiz não chega a analisar o pedido.

Especificamente o art. 487, inciso II, prevê que o pronunciamento do juiz quanto à ocorrência de **decadência** ou **prescrição** tem por consequência a resolução de mérito. A decadência e a prescrição estão ligadas aos prazos para o exercício do direito ou da ação, conforme fixado em lei. A inércia do titular do prazo estabelecido em lei deve ser reconhecida e declarada pelo julgador, acarretando a extinção do processo com julgamento de mérito.

Finalmente, o art. 487, inciso III, indica atos de disposição das partes em relação ao pedido ou objeto do processo, que dá ensejo igualmente a uma sentença de mérito. Nesses casos, o juiz apenas verifica se a parte pode dispor do direito, homologando os atos das partes quanto ao reconhecimento da procedência do pedido formulado na ação ou na reconvenção; à transação; e à renúncia da pretensão formulada na ação ou na reconvenção.

As sentenças que tenham por conteúdo as matérias do art. 487 encerram o processo com julgamento de mérito e têm a aptidão de formar coisa julgada.

— 5.3 —
Elementos da sentença

O CPC, art. 489, incisos I a III, elenca os elementos da sentença, considerados também como requisitos desse ato jurisdicional. Constatada a ausência de quaisquer dos elementos, a sentença é considerada inválida e inexistente. São eles: o relatório, a fundamentação (motivação) e o decisório (dispositivo, *decisum* ou parte conclusiva).

O **relatório** é o resumo do processo e deve conter os principais dados, descritos sumariamente, como os pedidos e suas razões, a defesa, se houve recurso, e as provas produzidas.

Na **fundamentação**, o magistrado expõe as razões de sua decisão e seu convencimento quanto às provas, indicando a norma incidente para a solução do caso julgado. A partir da vigência do CPC de 2015, passou-se a exigir motivação adequada, ou seja, não basta que o juiz fundamente a decisão – as decisões devem ter a qualidade indicada no CPC, art. 489, parágrafo 1º:

> Art. 489. São elementos essenciais da sentença:
>
> [...]
>
> § 1º Não se considera fundamentada qualquer decisão judicial, seja ela interlocutória, sentença ou acórdão, que:
>
> I – se limitar à indicação, à reprodução ou à paráfrase de ato normativo, sem explicar sua relação com a causa ou a questão decidida;

II – empregar conceitos jurídicos indeterminados, sem explicar o motivo concreto de sua incidência no caso;

III – invocar motivos que se prestariam a justificar qualquer outra decisão;

IV – não enfrentar todos os argumentos deduzidos no processo capazes de, em tese, infirmar a conclusão adotada pelo julgador;

V – se limitar a invocar precedente ou enunciado de súmula, sem identificar seus fundamentos determinantes nem demonstrar que o caso sob julgamento se ajusta àqueles fundamentos;

VI – deixar de seguir enunciado de súmula, jurisprudência ou precedente invocado pela parte, sem demonstrar a existência de distinção no caso em julgamento ou a superação do entendimento. (Brasil, 2015)

A fundamentação da sentença deve deixar claras para as partes as razões da decisão, de acordo com as regras expressas na Constituição Federal (CF, art. 93, IX) e em consonância com o Estado de direito, pois o julgador deve justificar as decisões perante a sociedade, não apenas para os litigantes.

A **parte dispositiva ou conclusiva** da sentença revela o comando judicial com referência a um determinado litígio, já que o juiz aponta se extingue o processo com ou sem resolução de mérito. Neste último caso, ele se pronuncia sobre o acolhimento total (ou parcial) ou o não acolhimento das pretensões do autor e do réu, em caso de reconvenção. Ao final, define as verbas de sucumbência, a depender do resultado da demanda. Em regra, a conclusão da sentença é a parte atingida pela coisa julgada, tornando-se imutável, ressalvadas as hipóteses legais, adiante tratadas.

— 5.4 —
Coisa julgada

Segundo o CPC, art. 502, coisa julgada é "a autoridade que torna imutável e indiscutível a decisão de mérito não mais sujeita a recurso" (Brasil, 2015). Logo, é a impossibilidade de as partes discutirem o comando advindo da decisão, em especial a parte conclusiva ou dispositiva. Toda sentença de mérito tem a aptidão para fazer coisa julgada, o que significa que, em determinado momento, adquire essa qualidade, tornando-se imutável, sob pena de se perpetuarem os litígios.

O objetivo do processo de conhecimento é alcançar uma sentença imune a ataques, concedendo ao vencedor da ação o direito reconhecido na decisão de forma definitiva. Essa garantia é o fundamento da coisa julgada, que tem raízes constitucionais (CF, art. 5º, XXXVI) e confere a segurança jurídica aos litigantes de que não haverá novo pronunciamento judicial sobre o que foi decidido.

A coisa julgada deve ser analisada sob dois aspectos: coisa julgada formal e coisa julgada material.

A **coisa julgada formal** é aquela que impede que se discuta a decisão dentro do mesmo processo em que a decisão foi proferida, por já terem sido esgotados os prazos para recurso ou utilizados todos os meios recursais previstos no ordenamento. Por isso, a coisa julgada formal é chamada de *preclusão máxima no processo*. É fenômeno que ocorre **dentro do processo**, ou seja, é endoprocessual.

Já a **coisa julgada material** se caracteriza pelo fato de seus efeitos se espraiarem para **fora do processo**, pois impede que outro juiz ou tribunal se manifeste sobre o que já foi julgado. É fenômeno extraprocessual.

Toda vez que aludimos à coisa julgada, estamos tratando da coisa julgada **material**. Para nos reportarmos à coisa julgada formal, temos de nos referir expressamente a ela. Se a decisão faz coisa julgada formal e material, ambas ocorrem ao mesmo tempo.

Excepcionalmente, existem decisões que não fazem coisa julgada material, apenas formal. Essa é a previsão do CPC, art. 505:

> Art. 505. Nenhum juiz decidirá novamente as questões já decididas relativas à mesma lide, salvo:
>
> I – se, tratando-se de relação jurídica de trato continuado, sobreveio modificação no estado de fato ou de direito, caso em que poderá a parte pedir a revisão do que foi estatuído na sentença. (Brasil, 2015)

Um exemplo é a coisa julgada em relação a alimentos fixados em sentença, que pode ser revista por outro juiz em ação revisional de alimentos, desde que haja alteração das condições financeiras do alimentante.

A coisa julgada atinge as decisões de mérito (sentenças do CPC, art. 487), tendo havido cognição exauriente e trânsito em julgado. **Trânsito em julgado** é o iter processual em que a decisão adquire a qualidade de coisa julgada. Portanto, podemos dizer que a decisão transitou em julgado quando se tornou imutável e indiscutível, pelo fato de já ter transcorrido o prazo para recurso ou de já terem sido interpostos todos os recursos cabíveis.

Portanto, podemos notar três efeitos da coisa julgada:

1. **Efeito negativo**: impede nova decisão pelo mesmo juiz ou por outro juízo ou tribunal sobre o que já foi decidido como questão principal.
2. **Efeito positivo**: a coisa julgada faz lei entre as partes e deve ser respeitada.
3. **Eficácia preclusiva**: todas as questões debatidas ou que poderiam ter sido trazidas e debatidas pelas partes são consideradas como alegadas e decididas (CPC, arts. 507 e 508).

— 5.4.1 —
Limites objetivos e subjetivos da coisa julgada

Os **limites objetivos** da coisa julgada referem-se à parte da decisão atingida pela coisa julgada, aquilo que se torna imutável. Segundo o CPC, art. 489, inciso III, e art. 504, apenas a parte conclusiva ou dispositiva da sentença ou acórdão é atingida pela coisa julgada. A regra expressa no CPC, art. 503, dispõe: "A decisão que julgar total ou parcialmente o mérito tem força de lei nos limites da questão principal expressamente decidida" (Brasil, 2015).

A lei processual é redundante, para deixar bastante claro que não são atingidos pela coisa julgada os motivos e a verdade dos fatos reconhecidos pelo juiz como fundamento da decisão. É o que consta no CPC, art. 489, incisos I e II, e art. 504.

O CPC de 2015 inovou sobre a questão prejudicial (ou seja, ponto que não foi objeto de pedido pela parte, mas que o juiz tem necessariamente de enfrentar para decidir o pedido principal). O art. 503, parágrafo 1º, prevê que haverá coisa julgada sobre esse ponto, cumpridos os requisitos indicados:

> Art. 503. A decisão que julgar total ou parcialmente o mérito tem força de lei nos limites da questão principal expressamente decidida.

§ 1º O disposto no caput aplica-se à resolução de questão prejudicial, decidida expressa e incidentemente no processo, se:

I – dessa resolução depender o julgamento do mérito;

II – a seu respeito tiver havido contraditório prévio e efetivo, não se aplicando no caso de revelia;

III – o juízo tiver competência em razão da matéria e da pessoa para resolvê-la como questão principal. (Brasil, 2015)

Nessa hipótese, excepcionalíssima, a coisa julgada antige a motivação da decisão, desde que presentes os requisitos apontados.

Os **limites subjetivos** relacionam-se com aqueles atingidos pela coisa julgada. A regra processual está sintonizada com os princípios constitucionais do devido processo legal, do contraditório e da ampla defesa, e apenas aqueles que participaram do processo como parte podem ser atingidos pela coisa julgada. O terceiro não será atingido pelos efeitos da coisa julgada, pois não participou do processo, não tendo oportunidade de apresentar defesa. Ou seja, terceiros têm de respeitar a coisa julgada, mas por ela não são atingidos, na medida em que podem discutir em ação própria eventual direito sobre a coisa ou o direito já decidido. É o que decorre da intepretação do CPC, art. 506: "A sentença faz coisa julgada às partes entre as quais é dada, não prejudicando terceiros" (Brasil, 2015).

Considerações finais

Esta obra teve por objetivo trazer a lume, de maneira didática e ordenada, os fundamentos básicos do processo de conhecimento, permitindo aos operadores do direito formar uma visão sistemática da metodologia utilizada pelo legislador para a solução dos conflitos.

O Código de Processo Civil (CPC) de 2015 é fruto do amadurecimento das experiências dos diplomas processuais anteriores e de sua aplicação pelos tribunais. Por isso, as normas quanto ao procedimento exigem a compreensão dos institutos processuais.

Desse modo, procuramos capacitar o leitor a navegar no que podemos denominar de *novo processo civil*, mesmo após sete anos de vigência do CPC, visto que a legislação deve se adaptar aos conflitos que estão em constante transformação, tanto pela necessidade de adequação ao que a sociedade requer como pelo surgimento de novas teses a serem enfrentadas pelo Poder Judiciário.

Por ser fruto da reflexão dos autores na academia e na advocacia, o aspecto prático proporciona uma visão abrangente dos institutos processuais, não se descuidando da teoria. Nessa esteira, buscamos apresentar ao leitor um panorama completo da fase inicial do processo de conhecimento, que contempla os atos de cientificação do réu, as possiblidades de defesa e as consequências de sua omissão.

Destacamos a fase saneadora e suas principais características destinadas ao órgão jurisdicional, com a finalidade de verificar a regularidade do processo, com foco nas alterações advindas da nova norma processual, as quais permitem ao juiz verificar a necessidade de provas ou seu julgamento conforme o estado do processo.

Na teoria geral da prova, salientamos o papel fundamental da representação dos fatos em juízo e o direito das partes em produzir provas, com base em um conjunto de princípios, regras e conceitos que orientam a avaliação destas no âmbito judicial, preservando-se o devido processo legal, com a paridade de tratamento entre os litigantes.

Os meios probatórios específicos foram expostos conforme disciplina o CPC, anotando-se como devem ser apresentados em juízo, especialmente o depoimento pessoal, a confissão, a prova documental, a prova testemunhal, a prova pericial e a inspeção judicial.

Encerramos nossa abordagem com a análise da sentença, sua classificação, seus elementos e a qualidade de imutabilidade que o ato decisório pode adquirir com a formação da coisa julgada.

Esperamos que a obra instigue o leitor a refletir criticamente sobre os institutos do processo de conhecimento atual e contribua, assim, para o amadurecimento da aplicação da norma processual.

Referências

BRASIL. Constituição (1988). **Diário Oficial da União**, Brasília, DF, 5 out. 1988. Disponível em: <https://www.planalto.gov.br/ccivil_03/Constituicao/Constituicao.htm>. Acesso em: 5 jan. 2024.

BRASIL. Decreto-Lei n. 2.848, de 7 de dezembro de 1940. **Diário Oficial da União**, Poder Executivo, Rio de Janeiro, 31 dez. 1940. Disponível em: <https://www.planalto.gov.br/ccivil_03/decreto-lei/del2848compilado.htm>. Acesso em: 5 jan. 2024.

BRASIL. Lei n. 8.078, de 11 de setembro de 1990. **Diário Oficial da União**, Poder Legislativo, Brasília, DF, 12 set. 1990. Disponível em: <https://www.planalto.gov.br/ccivil_03/Leis/L8078compilado.htm>. Acesso em: 5 jan. 2024.

BRASIL. Lei n. 8.245, de 18 de outubro de 1991. **Diário Oficial da União**, Poder Executivo, Brasília, DF, 21 out. 1991. Disponível em: <https:// www.planalto.gov.br/ccivil_03/LEIS/L8245.htm>. Acesso em: 5 jan. 2024.

BRASIL. Lei n. 8.560, de 29 de dezembro de 1992. **Diário Oficial da União**, Poder Legislativo, Brasília, DF, 30 dez. 1992. Disponível em: <https://www.planalto.gov.br/ccivil_03/leis/l8560.htm>. Acesso em: 5 jan. 2024.

BRASIL. Lei n. 8.935, de 18 de novembro de 1994. **Diário Oficial da União**, Poder Executivo, Brasília, DF, 21 nov. 1994. Disponível em: <https://www.planalto.gov.br/ccivil_03/Leis/L8935.htm>. Acesso em: 5 jan. 2024.

BRASIL. Lei n. 9.099, de 26 de setembro de 1995. **Diário Oficial da União**, Poder Legislativo, Brasília, DF, 27 set. 1995. Disponível em: <https://www.planalto.gov.br/ccivil_03/leis/l9099.htm>. Acesso em: 5 jan. 2024.

BRASIL. Lei n. 9.296, de 24 de julho de 1996. **Diário Oficial da União**, Poder Executivo, Brasília, DF, 25 jul. 1996. Disponível em: <https:// www.planalto.gov.br/ccivil_03/leis/l9296.htm>. Acesso em: 5 jan. 2024.

BRASIL. Lei n. 10.406, de 10 de janeiro de 2002. **Diário Oficial da União**, Poder Legislativo, Brasília, DF, 11 jan. 2002. Disponível em: <https:// www.planalto.gov.br/ccivil_03/LEIS/2002/L10406compilada. htm>. Acesso em: 5 jan. 2024.

BRASIL. Lei n. 11.419, de 19 de dezembro de 2006. **Diário Oficial da União**, Poder Legislativo, Brasília, DF, 20 dez. 2006. Disponível em: <https://www.planalto.gov.br/ccivil_03/_ato2004-2006/2006/ lei/l11419.htm>. Acesso em: 5 jan. 2024.

BRASIL. Lei n. 13.105, de 16 de março de 2015. **Diário Oficial da União**, Poder Legislativo, Brasília, DF, 16 mar. 2015. Disponível em: <https://www.planalto.gov.br/ccivil_03/_ato2015-2018/2015/lei/l13105.htm>. Acesso em: 5 jan. 2024.

BUENO, C. S. **Curso sistematizado de direito processual civil**. São Paulo: Saraiva, 2016.

CAMBI, E. et al. **Curso de processo civil completo**. São Paulo: Revista dos Tribunais, 2017.

CINTRA, A. C. de A.; GRINOVER, A. P.; DINAMARCO, C. R. **Teoria geral do processo**. São Paulo: Malheiros, 1992.

CUNHA, J. S. F. et al. **Código de Processo Civil comentado**. São Paulo: Revista dos Tribunais, 2016.

DIDIER JR., F.; BRAGA, P. S.; OLIVEIRA, R. A. de. **Curso de direito processual civil**. Salvador: JusPodivm, 2015.

DINAMARCO, C. R. **A instrumentalidade do processo**. São Paulo: Malheiros, 2000.

MARINONI, L. G.; ARENHART, S. C.; MITIDIERO, D. **Curso de processo civil**. São Paulo: Revista dos Tribunais, 2015.

MEDINA, J. M. G. **Curso de direito processual civil moderno**. São Paulo: Revista dos Tribunais, 2020.

MOREIRA, J. C. B. **O novo processo civil brasileiro**. Rio de Janeiro: Forense, 2012.

NERY JÚNIOR, N.; ANDRADE, R. M. de N. **Comentários ao Código de Processo Civil**. São Paulo: Revista dos Tribunais, 2015.

STF – Supremo Tribunal Federal. Repercussão Geral na Questão de Ordem no Recurso Extraordinário n. 583937. Relator: Min. Cezar Peluso. **Diário da Justiça Eletrônico**, 18 dez. 2009. Disponível em: <https://jurisprudencia.stf.jus.br/pages/search/repercussao-geral1282/false>. Acesso em: 5 jan. 2024.

STJ – Superior Tribunal de Justiça. Agravo Regimental no Recurso Especial n. 1.196.136 – RO. Relatora: Min. Alderita Ramos de Oliveira. **Diário da Justiça Eletrônico**, 17 set. 2013. Disponível em: <https://scon.stj.jus.br/SCON/GetInteiroTeorDoAcordao?num_registro=201001003762&dt_publicacao=17/09/2013>. Acesso em: 5 jan. 2024.

STJ – Superior Tribunal de Justiça. Recurso Especial n. 1.675.874 – MS. Relator: Min. Rogerio Schietti Cruz. **Diário da Justiça Eletrônico**, 8 mar. 2018. Disponível em: <https://scon.stj.jus.br/SCON/GetInteiroTeorDoAcordao?num_registro=201701403043&dt_publicacao=08/03/2018https://processo.stj.jus.br/repetitivos/temas_repetitivos/pesquisa.jsp?novaConsulta=true&tipo_pesquisa=T&cod_tema_inicial=983&cod_tema_final=983>. Acesso em: 5 jan. 2024.

STJ – Superior Tribunal de Justiça. Súmula 301. **Diário da Justiça**, 22 nov. 2004. Disponível em: <https://scon.stj.jus.br/SCON/sumstj/toc.jsp?livre=%28%40NUM+%3E%3D%22301%22+E+%40NUM+%3C%3D+%22400%22%29+OU+%28%40SUB+%3E%3D+%22301%22+E+%40SUB+%3C%3D+%22400%22%29&tipo=%28SUMULA+OU+SU%29&l=100&ordenacao=%40NUM>. Acesso em: 5 jan. 2024.

STJ – Superior Tribunal de Justiça. Tema Repetitivo 1.096. Proposta de Afetação no Recurso Especial n. 1.912.668 – GO. **Diário da Justiça Eletrônico**, 8 jun. 2021. Disponível em: <https://processo.stj.jus.br/repetitivos/temas_repetitivos/pesquisa.jsp?novaConsulta=true&tipo_pesquisa=T&cod_tema_inicial=1096&cod_tema_final=1096>. Acesso em: 5 jan. 2024.

STJ – Superior Tribunal de Justiça. Tema Repetitivo 1.156. Proposta de Afetação no Recurso Especial n. 1.962.275 – GO. **Diário da Justiça Eletrônico**, 30 maio 2022. Disponível em: <https://processo.stj.jus.br/repetitivos/temas_repetitivos/pesquisa.jsp?novaConsulta=true&tipo_pesquisa=T&cod_tema_inicial=1156&cod_tema_final=1156>. Acesso em: 5 jan. 2024.

WAMBIER, L. R.; TALAMINI, E. **Curso avançado de processo civil**. São Paulo: Revista dos Tribunais, 2016.

WAMBIER, T. A. A. et al. **Breves comentários ao Novo Código de Processo Civil**. São Paulo: Revista dos Tribunais, 2015.

WAMBIER, T. A. A. et al. **Primeiros comentários ao novo Código de Processo Civil**: artigo por artigo. São Paulo: Revista dos Tribunais, 2016.

Sobre os autores

Diogo Busse é mestre em Direito das Relações Sociais pela Universidade Federal do Paraná (UFPR) e especialista em Direito Corporativo pelo Instituto Brasileiro de Mercado de Capitais (Ibmec). Integrou o Ministério da Cultura como Diretor da Diversidade Cultural, a Assessoria Especial da Presidência da República e o Ministério da Justiça como Coordenador--Geral da Secretaria Nacional de Políticas Antidrogas. É advogado, professor e palestrante.

Stela Marlene Schwerz é doutora e mestre em Direito Civil e Processo Civil pela Pontifícia Universidade Católica de São Paulo (PUC-SP). Atua como advogada e é professora dos cursos de graduação e pós-graduação do Centro Universitário Curitiba e da Escola da Magistratura do Paraná. É membro do Instituto Brasileiro de Direito Processual Civil e do Instituto Paranaense de Processo Civil.

Os papéis utilizados neste livro, certificados por instituições ambientais competentes, são recicláveis, provenientes de fontes renováveis e, portanto, um meio responsável e natural de informação e conhecimento.

FSC
www.fsc.org
MISTO
Papel | Apoiando
o manejo florestal
responsável
FSC® C103535

Impressão: Reproset